中國學術思想研究輯刊

三二編

林慶彰 主編

第20冊

嚴復法律思想研究
——與中國近代憲政思潮

官正艷 著

花木蘭文化事業有限公司

國家圖書館出版品預行編目資料

嚴復法律思想研究——與中國近代憲政思潮／官正艷 著 -- 初版 -- 新北市：花木蘭文化事業有限公司，2020〔民 109〕

目 4+180 面；19×26 公分

（中國學術思想研究輯刊 三二編；第 20 冊）

ISBN 978-986-518-292-2（精裝）

1. 嚴復 2. 法律哲學 3. 政治思想 4. 憲政主義

030.8　　109011255

中國學術思想研究輯刊

三二編　第二十冊　　ISBN：978-986-518-292-2

嚴復法律思想研究

——與中國近代憲政思潮

作　　者　官正艷

主　　編　林慶彰

總 編 輯　杜潔祥

副總編輯　楊嘉樂

編　　輯　許郁翎、張雅淋　美術編輯　陳逸婷

出　　版　花木蘭文化事業有限公司

發 行 人　高小娟

聯絡地址　235 新北市中和區中安街七二號十三樓

電話：02-2923-1455／傳真：02-2923-1452

網　　址　http://www.huamulan.tw 信箱 hml 810518@gmail.com

印　　刷　普羅文化出版廣告事業

封面設計　劉開工作室

初　　版　2020 年 9 月

全書字數　147591 字

定　　價　三二編 24 冊（精裝）新台幣 60,000 元

嚴復法律思想研究
——與中國近代憲政思潮

官正艷 著

作者簡介

官正豔，1979年生人，西南政法大學法律史碩士；中山大學法學理論博士，現任嶺南師範學院法政學院教師。研究方向為嚴復知識論背景、法律思想；科學哲學、認識論等。

提　要

嚴復引薦西方文化有他經世致用的目的，經由嚴復翻譯的西學名著，都是進行過精心選擇的，嚴復的譯書過程，是一個文化再創設的過程。嚴復將社會進化論作為核心，並以此為原則引進西學，構建起他心中的西學體系。當嚴復將社會進化論這個邏輯體系誤讀為客觀科學真理時，社會進化論就成了進化決定論。在這一錯誤方法論的指引下，嚴復認為當時中國正處在宗法社會向國家過渡的這一進化程度上，君權有它存在的理由。

嚴復的「自由為本」是將個人自由作為手段而非目的：個人充分發揮才能可以促進群體的發展。他將密爾的自由誤讀為國群自由和小己自由：國群自由大於小己自由，當有外患發生時，應當犧牲小己自由以保護國群自由。嚴復用民權即人民的參政權來保障國群自由，用以對抗君權。他將人權誤讀成了民權，國群自由就成了主權的一部分，並和人權對立起來。嚴復的「民主為用」是建立在君權和民權二元權力基礎上的，與西方建立在一元權力基礎上的憲政民主是相悖的。嚴復將民權理解為民主，用以對抗君權，民主就成了人民民主。

康有為、梁啟超、鄭孝胥受到嚴復法律思想的影響，紛紛參與到維新、立憲運動中來，主張君主立憲。孫中山主張革命，但在辛亥革命後武夫干政、民主共和過早夭折。孫中山將行使民權的代表由嚴復的明君變成了國民黨，中國的憲政仍然遙遙無期。新文化運動主張建立自由的憲政價值觀參照體系，是對嚴復以孔教為憲政價值觀參照體系的反對，但卻是繼續嚴復的思想啟蒙之路，只可惜新文化運動被戰亂和動盪打斷了。自由民主的價值不僅得不到承認，還備受打壓。嚴復以進化論為基礎的自由民主思想，使得中國人對西方的自由民主只知其一不知其二，自由民主由嚴復開始亦由嚴復結束。嚴復晚年主張中國學習德國的軍國主義，拋棄了他以前奉為聖經的自由民主，這是如此的弔詭，以至於也只能從他以進化論為基礎的法律思想中找到解釋。

目次

導　論

當我們提到中國近代思想史時，嚴復翻譯的《天演論》的影響是起決定性作用的；但當人們談到英國思想史的時候，赫胥黎和他的《Evolution and Ethics》甚至斯賓塞對英國都沒有產生過如此決定性的影響。為什麼《天演論》在中國近代思想史上具有如此重要的地位？這就需要回溯到嚴復引介的西學上來——以進化論為基礎的法律思想。所以對嚴復的法律思想進行全面的梳理和研究是非常有價值的。嚴復的法律思想是歷史學的範疇之一，柯林伍德認為「一切歷史都是思想史。」〔註 1〕中國史學家素有「重人不重事」的傳統，〔註 2〕「對於中國文化的研究，應當歸結到思想史的研究。」〔註 3〕我們當然不贊成「世界的歷史就是偉人們的傳記」〔註 4〕這種偏頗的說法，但無論從材料的角度著眼，還是考慮到嚴復的法律思想對中國近代憲政思潮的影響力度，

〔註 1〕【英】柯林伍德：《歷史的觀念》，商務印書館 1997 年版，第 303 頁。關於「一切歷史都是思想史」的命題，李劍鳴認為可以從兩方面來理解：「首先，只有人才有思想可言，以人為中心的史學必須挖掘人的行動背後的思想，從當事人的思想出來解釋歷史；其次，歷史學家作為人，自然也有自己的思想，他所闡釋的當事人的思想，不一定都是前人的想法，其中可能包含史家本人的成分，因而這種『思想史』難免打上主觀的印記。」參見李劍鳴：《歷史學家的修養和技藝》，三聯書店 2007 年版，第 50～51 頁。陳新說：「……人們通過語言或符號閱讀到的歷史本身乃是思想的產物。換句話說，歷史表現是由表現者的思想組織、建構而成，這才是我們能夠接觸到的真正的歷史。」參見丁耘、陳新主編：《思想史研究》（第 1 卷），廣西師範大學出版社 2005 年版，第 171 頁。

〔註 2〕參見錢穆：《現代中國學術論衡》，三聯書店 2001 年版，第 171 頁。

〔註 3〕徐復觀：《研究中國思想史的方法與態度問題》，載徐復觀：《中國思想史論集》，上海書店出版社 2004 年版，第 1 頁。

〔註 4〕語出【英】卡萊爾：《英雄與英雄崇拜》，載何兆武主編：《歷史理論與史學理論：近現代西方史學著作選》，商務印書館 1999 年版，第 245 頁。

都有理由讓我們相信研究嚴復的法律思想及其影響，在中國整個法律思想史研究中的特殊地位和核心價值。〔註 5〕

一、嚴復法律思想的研究現狀及其方法論

（一）嚴復法律思想的研究現狀

嚴復的法律思想可以概括為「自由為本，民主為用」〔註 6〕。迄今為止，研究嚴復法律思想的論文可謂汗牛充棟。這包括兩個方面：首先，研究嚴復自由觀的就有張玉光的《傳統文化與嚴復自由、共和的憲政觀》、〔註 7〕胡一的《從中西文化看嚴復的自由主義思想》、〔註 8〕代佳的《進化論視野中的自由主義——嚴復自由思想探析》、〔註 9〕郭道暉的《近代自由主義思想的中國先知——嚴復自由觀的法理解讀》、〔註 10〕黃晨的《救亡圖存背景下的個人自由——嚴復譯作〈群己權界論〉的基本追求》、〔註 11〕馬小媛的《論嚴復的自由觀》、〔註 12〕沈莉莉的《論嚴復的自由觀——以〈政治講義〉為中心》、〔註 13〕高玉的《論嚴復的自由主義思想及其近代意義》、〔註 14〕陳金全的《論嚴復自由主義的法律思想》、〔註 15〕劉曉洲的《嚴復的自由思想》、〔註 16〕高力

〔註 5〕參考自馬作武：《先秦法律思想史》，中華書局 2015 年版，第 7～8 頁。

〔註 6〕參見王栻主編：《嚴復集》，中華書局 1986 年版，第 11 頁。

〔註 7〕參見張玉光：《傳統文化與嚴復自由、共和的憲政觀》，載《雲南社會科學》2006 年第 1 期，第 40～44 頁。

〔註 8〕參見胡一：《從中西文化的比較看嚴復的自由主義思想》，載《福建師範大學學報（哲學社會科學版）》，2004 年第 2 期，第 31～35 頁。

〔註 9〕參見代佳：《進化論視野中的自由主義——嚴復自由思想探析》，首都師範大學碩士學位論文 2009 年。

〔註 10〕參見郭道暉：《近代自由主義思想的中國先知——嚴復自由觀的法理解讀》，載《中國法學》2006 年第 6 期，第 3～13 頁。

〔註 11〕參見黃晨：《救亡圖存背景下的個人自由——嚴復譯作〈群己權界論〉的基本追求》，西南政法大學碩士學位論文 2009 年。

〔註 12〕參見馬小媛：《論嚴復的自由觀》，華東師範大學碩士學位論文 2005 年。

〔註 13〕參見沈莉莉：《論嚴復的自由觀——以〈政治講義〉為中心》，上海師範大學碩士學位論文 2013 年。

〔註 14〕參見高玉：《論嚴復的自由主義思想及其近代意義》，載《福建論壇・人文社會科學版》2004 年第 1 期，第 67～72 頁。

〔註 15〕參見陳金全：《論嚴復自由主義的法律思想》，載《現代法學》1993 年第 5 期，第 74～78 頁。

〔註 16〕參見劉曉洲：《嚴復的自由思想》，載《西南交通大學學報（社會科學版）》，2006 年 6 月第 7 卷第 3 期，第 93～97 頁。

克的《嚴復自由觀之悖論》〔註 17〕等，雖然這些論文都注意到了嚴復將密爾的自由和傳統文化相結合，改造成「小己自由」和「國群自由」展現出的複雜面貌，但都沒有發掘出嚴復誤讀密爾人權的本質。其次，民主是靠憲政來支撐的，所以「民主為用」主要體現為嚴復的憲政思想。在這方面梳理得最全面的是楊陽的《嚴復憲政思想研究》，〔註 18〕楊陽根據嚴復憲政思想的發展演變過程將其分為憲政思想啟蒙、憲政思想系統化、憲政思想昇華三個階段，並對嚴復的憲政思想進行了系統的歸納和梳理。楊陽認為民權是從孟子「民貴君輕」〔註 19〕的理論發展出來的，是嚴復將傳統文化和人權融合的結果，民權實質上就是人權，仍是一種權利。基於此，他沒有發掘出嚴復的民主是建立在二元權力基礎之上的。

綜上所述，筆者認為上述論文都只關注了嚴復在翻譯西方著作時糅合傳統文化的部分，而沒有發掘到正是因為受傳統文化的深刻影響，才使嚴復誤讀了西方的自由民主，經由他引介的西學已經不是原滋原味的了。嚴復的誤讀深刻地影響了中國憲政的觀念和制度，導致中國百年憲政之路的崎嶇坎坷。因此筆者認為縷清嚴復誤讀的地方，還原西方自由民主的真實面貌，應是嚴復法律思想研究的縱深方向。

嚴復法律思想的研究內容是以他翻譯的西學著作為基礎的。嚴復有他經世致用的目的，經由嚴復翻譯的西學名著，都是進行過精心選擇的，經過了一番苦心研究的工夫。如他翻譯《天演論》，是為了讓仍在做著天朝大國美夢的中國人覺醒；翻譯《穆勒名學》是為了轉換中國人的思維方式，輸入西方的科學；翻譯《法意》，是為了傳播民主和法治思想，鞭撻專制主義；翻譯《原富》，是為了改變中國人重農輕商的理念，對自由主義的市場經濟有一個正確的認識；等等。嚴復在翻譯的過程中，常常採用意譯和節譯而非全部直譯的方式翻譯，並且還加上不少按語闡釋自己的觀點。所以說嚴復的譯書過程，是一個文化再創設的過程。

在這個過程中，嚴復會有很多改譯，在對西方真理的再語境化過程中有很多誤讀。美國學者本傑明·史華茲在《尋求富強——嚴復與西方》一書中

〔註 17〕參見高力克：《嚴復自由觀之悖論》，載《浙江大學學報（人文社會科學版）》，2013 年 3 月第 43 卷第 2 期，第 147～159 頁。

〔註 18〕參見楊陽：《嚴復憲政思想研究》，重慶大學博士學位論文 2008 年。

〔註 19〕《孟子·盡心下》。

最早注意到嚴復思想中「集體的力量」〔註 20〕。俞江在其著作《近代中國的法律與學術》中指出嚴復在翻譯《群己權界論》中創設了「國群自由」的概念，這樣就使個人自由與國家處於對立的地位。經嚴復改造的自由就不再是法律上的自由概念了。〔註 21〕俞江進一步論述說，由於嚴復沒有分清楚權利和自由的聯繫，而是割裂了二者的關聯，造成「權利」之義不彰，導致其將「民權」簡化為參政權或其他政治權力。〔註 22〕黃克武將密爾《論自由》的英文與嚴復《群己權界論》的譯文逐一比對研究後得出「嚴復把群己平衡的觀念投射到密爾的思想之上時，就無法完全體認將自由作為合法的權利。」〔註 23〕當嚴復將群己平衡的觀念投射到密爾的自由思想時，他就創設了「國群自由」和「小己自由」這兩個更加混亂的概念。王人博在《中國近代的憲政思潮》一書中指出，嚴復主要用國群自由的概念來強調國家權力至上，小己自由講的就是個人自由。但是在嚴復那裡，國群自由已經膨脹成為霍布斯筆下的「利維坦」，個人自由作為細胞，徹底消失在社會有機體這個龐然大物中。〔註 24〕王人博深刻地指出，嚴復自由思想的病處，恰是中國社會的創傷，但也是其價值所在。〔註 25〕

在史華茲、俞江、王人博和黃克武研究的基礎上，筆者發現嚴復用民權偷換了密爾《論自由》中的人權。國群自由成了主權的一部分，並和人權對立起來。嚴復用民權的「民主」對抗君權，民主就建立在君權和民權的二元

〔註 20〕嚴復是怎樣逐步發展他對歐洲理論家的看法的呢？這要歸功於史華茲教授的潛心研究，他設法從這位中國評論家的譯著中找出他的看法，而這一看法，在西方人看來，幾乎是永遠難以理解的……（西方作者作品中的）個人主義倫理中包含有能力的觀念，並且，顯然因為個人主義倫理居於中心地位，因此，公共利益的觀念被推置一邊，成為一種自由競爭所趨向的含糊的、慈善的目的。嚴復……充分地發揮了關於能力的概念，並在使個人主義作為發揮能力的手段之後，把公心置於自由思想的中心位置。結果，……那些……（西方的）作者們，卻作為一種巨大的文化動力的理論家出現，這種動力能夠帶來集體的力量。參見本傑明．史華茲：《尋求富強——嚴復與西方》，江蘇人民出版社 2010 年版，路易斯．哈茨《序言》第 2 頁。

〔註 21〕參見俞江：《近代中國的法律與學術》，北京大學出版社 2008 年，第 58～59 頁。

〔註 22〕參見俞江：《近代中國的法律與學術》，北京大學出版社 2008 年，第 63 頁。

〔註 23〕參見黃克武：《自由的所以然——嚴復對約翰彌爾自由思想的認識與批判》，上海書店出版社 2000 年版，第 43 頁。

〔註 24〕參見王人博：《中國近代的憲政思潮》，法律出版社 2003 年版，第 115～116 頁。

〔註 25〕參見王人博：《中國近代的憲政思潮》，法律出版社 2003 年版，第 112 頁。

權力基礎上了。他將西方的民主誤讀為人民民主，並且希望明君代表人民行使民權，逐漸培養國民。只有國民的進化程度達到憲政的要求時，才可以建立起真正的憲政。

（二）嚴復法律思想的方法論

除研究嚴復法律思想的內容外，嚴復法律思想的方法論也是一個值得關注的問題。王人博在研究近代中國憲政思潮後得出「由進化論所導向的對國民素質與憲政關係的探索構成近代中國憲政思潮的重要特質」〔註 26〕的結論令筆者深受啟發，進而發現了嚴復在方法論上的錯誤。〔註 27〕嚴復將社會進化論作為核心，以此為基礎引進西學，作為整個西學的構建體系。拋開將社會進化論作為西學的核心這個問題是否合理不談，單單就嚴復認為自然科學和社會科學的公例是完全相通，可以將自然科學中得以證明的公例直接應用到社會科學中，而不再論證這個公例是否適用於社會科學的做法就是不科學的。自然科學和社會科學的公例肯定不能相通，因為它們的研究對象和方法都完全不同。如果將生物學中的自然進化現象直接應用到社會學中就會出問題。

那麼，可以將社會進化論作為構建西學的核心嗎？當然不行。它只不過是斯賓塞的一家之言，是片面的。嚴復在引進西學時，斯賓塞的理論深深打動了他，所以他才將西學都囊括進了社會進化論的體系中。但正是嚴復的這一誤讀，使得整個中國近代學術都產生了進化論的嚴重偏向。

嚴復留學英國的時間不長，他也不可能將知識和科學的範疇劃分清楚，所以當他將西方的邏輯作為科學之一門時就不足為怪了。但不幸的是，中國近代大部分的學者都錯將邏輯當成科學。邏輯只是一種科學方法。當嚴復將社會進化論這個邏輯誤讀為客觀科學真理時，社會進化論就成了進化決定論，即下個順位的社會形態必然高於前一順位的社會形態。這樣，社會進化論可以預測全人類的社會發展就成為應有之義了。

鑒於嚴復所處的時代，他用中學牽強附會西學在所難免。比如他用陸王心學的方法論來解釋盧梭的社會契約論，但西方的方法論都是建立在理性基礎上的，社會契約論豈能用中學的感性方法去附會？

〔註 26〕參見王人博：《中國近代的憲政思潮》，法律出版社 2003 年版，第 121 頁。
〔註 27〕很感謝邁阿密大學法學院的蘇珊．哈克教授，一年的訪學經歷，在她辛勤的教導下，我發現了嚴復方法論的錯誤。

嚴復本人當然沒有意識到其方法論上的錯誤，致使他在晚年時反對新文化運動，主張將孔教作為憲政價值觀的參照體系。作為後學的筆者在認識到這一問題的嚴重性時，覺得非常有必要對此作出澄清。

二、嚴復法律思想的影響及意義

研究思想史的一個重要方法，就是把對思想史的長時段的宏觀考察與對發展過程中的階段性的特徵把握結合起來。

（一）嚴復法律思想的分期

嚴復的法律思想大致分為兩個階段：第一階段是辛亥革命以前早期的嚴復。維新運動期間，他率先公開斥責包括清朝皇帝在內的歷代專制君主為竊國大盜，指責「六經五子」也對國家的貧弱負有責任。他創辦《國聞報》，為維新變法搖旗吶喊，尤其是戊戌政變後，該報仍然以《視死如歸》為題報導譚嗣同被捕前大義凜然的態度，發表評論指責朝政。嚴復與《國聞報》館為此數度受到彈劾，幸得直隸總督兼北洋大臣王文韶庇護才幸免被加害。不可否認，在素有「文字獄」傳統的社會氛圍中，嚴復的這些舉動十分難得。此外，嚴復還與友人私下哀悼「戊戌六君子」；在維新運動期間，嚴復的思想是大膽而激烈的。1904 年起，清政府的中層和上層官僚開始策動立憲，嚴復撰寫《政治講義》作為回應，詳細闡述了西方的自由、民主和憲政。

第二階段是在辛亥革命前後晚期的嚴復。在進化論經驗主義的影響下，他反對暴力革命，終生主張君主立憲制。在辛亥革命後他參與南北和談、支持袁世凱稱帝、擁護張勳復辟，可以說是非常保守甚至頑固的。晚年的他回復孔教，將孔教作為憲政的價值參照體系，雖然與他對第一次世界大戰中重新審視歐洲的文明有關，他還是走在了時代的後面。

（二）法律思想的影響

康有為、梁啟超、鄭孝胥受到嚴復法律思想的影響，紛紛參與到維新、立憲運動中來，主張君主立憲。楊度雖然組織了籌安會，為洪憲帝制搖旗吶喊，但他的思想與晚年嚴復的思想是完全一致的。

孫中山雖然不同意嚴復的漸進經驗主義，但在辛亥革命後武夫干政、民主共和過早夭折的情況下，意識到嚴復啟蒙思想的重要性，在此基礎上提出了由革命黨作人民保姆的訓政理論。孫中山認為在沒有培養起人民的憲政素養前，人民是不能行使任何權利的。在孫中山理論的影響下，國民黨統一中國後，代表人民行使民權，施行一黨專政、黨政不分、黨國一體的獨裁制度。孫中山將行使民權的代表由嚴復的明君變成了國民黨，中國的憲政仍然遙遙無期。

新文化運動主張建立自由的憲政價值觀參照體系，是對嚴復以孔教為憲政價值觀參照體系的反對，但卻是繼續嚴復的思想啟蒙之路，只可惜新文化運動被戰亂和動盪打斷了。國民黨施行獨裁統治時，否定反對黨的合法地位，進一步深化了專制傳統。自由民主的價值不僅得不到承認，還備受打壓。

嚴復以進化論為基礎的自由民主思想，使得中國人對西方的自由民主只知其一不知其二，自由民主思想由嚴復開始亦由嚴復結束。嚴復晚年主張中國學習德國的軍國主義，拋棄了他以前奉為聖經的自由民主，這是如此的弔詭，以至於也只能從他以進化論為基礎的法律思想中找到解釋。

（三）意義

嚴復的啟蒙之路在一個方面構成了近代憲政思潮整體演化的路徑，他們這一代知識分子都是以進化論為媒介接受西方憲政的。無論是維新派、立憲派還是革命派都認為洋務派不變革「中體」這個根本是行不通的。在實行西方式的立憲制度的大方向下，嚴復和孫中山的又提出了截然不同的路徑：嚴復主張通過君主立憲的開明專制漸進的變革，而孫中山倡導通過革命的手段建立立憲共和國。與之相聯繫的就是嚴復培養國民的啟蒙之策和孫中山的「實行」之路。雖然嚴復與孫中山的思想如此大相徑庭，但他們卻是殊途同歸的，甚至交替互補。嚴復雖然專注於啟蒙，但他也有「四十不官擁皋比，男兒懷抱誰人知」〔註 28〕的「實行」情懷。孫中山在經歷二次革命、護法運動失敗後，也不得不重新審視嚴復的啟蒙思想。

嚴復以進化論指導的，以國民素質與民主關係問題為核心的法律思想，構成了近代中國憲政思潮的重要特徵，而不像西方那樣是在契約主義這樣一個理論前提下發生的。幾乎所有近代思想家都被國民素質的改造和現實制度改革這個問題困擾著。康有為、梁啟超、嚴復等主張漸進改革的自不待言，倡言革命的孫中山在經歷革命的失敗後，亦在嚴復啟蒙思想的基礎上提出了訓政理論。嚴復的思想告訴了國人一個樸實無華的道理：中國的國民覺悟程

〔註 28〕《嚴復集》，第 361 頁。

度決定了在接受西方民主時，無論是觀念的改變還是革命，都不可能一下子解決中國的民主憲政問題。〔註29〕

三、研究方法

（一）歷史敘事的方法

歷史敘事是歷史學研究的重要方法和手段，但敘事的目的終究在於揭示事件後面人的思想行動與文化意義，進而真正解讀歷史。也就是說歷史不僅僅是現象，它的背後還有思想。比如，第二次世界大戰是人類歷史上最大規模的戰爭，也極其殘忍。特別是二戰中猶太人遭到的滅絕性屠殺，中國的南京大屠殺等。但這些不僅僅是現象，因為它們背後起主導作用的是人的思想，猶太人的種族大屠殺和南京大屠殺就是納粹主義在作祟。又比如，荊軻刺秦王，史學家不能僅停留在荊軻刺秦王這一斷言上，還必須追尋事件背後的思想，包括荊軻本人的思想，荊軻為什麼要刺秦王，是否受誰的指派？荊軻的死是否加速了秦滅燕的進程？是否在某種程度上加快了秦統一六國的步伐？等等。所以歷史學研究的是每個歷史事件背後的思想。在進行歷史敘事的同時，還必須關注以下四方面：

一是要把研究對象置於它所處的歷史背景下研究。比如，我們不能脫離嚴復所處的歷史背景，過分苛責嚴復沒能將西方原滋原味的自由民主引介到中國，讓中國近代的憲政道路困難重重。

二是要把研究對象置於動態變化的時代背景的視閾下研究。比如嚴復的法律思想前後並沒有本質的變化，變化的是時代。可能時代變了，他的思想落在時代後面了，但不能由此說他比原來變得落後了、保守了。我們應該把嚴復的法律思想置於不斷發展變化的時代背景中，對他作出實事求是的客觀評價。

三是要重視研究對象的心理活動，將其心理境遇和行為聯繫起來研究，瞭解其思想萌芽、成型、發展變化的軌跡及相關聯的行為，使研究對象鮮活起來。如果只是呆板的敘述研究對象的思想，不關注思想背後的行為，就會丟掉歷史事實的豐富多彩性。而思想史研究要做的就是盡可能客觀地還原研究對象的本來面目。所以歷史敘事者建立的敘述結構必須儘量地考慮到方方面面，多角度多視角的關注研究對象。

〔註29〕參見王人博：《中國近代的憲政思潮》，法律出版社2003年版，第121頁。

四是將研究對象和思潮結合起來。本文以中國近代憲政思潮這個大的歷史背景為「森林」，以嚴復的法律思想為「樹木」，這樣交織的辦法，不但可以讓嚴復的法律思想在思潮背景中生動鮮明起來，還可以讓讀者見到「森林」，看到受嚴復法律思想影響的思想家的思想及其行為。

（二）其他方法

包括文化解釋、歷史分析和社會學、科學哲學的方法。嚴復把西方的科學民主這種與中國文化類型完全不同的思想引介到中國來，是一種文化挪移的過程，在這個過程中難免造成對西方科學民主的誤讀。這亦是一個關於傳統與現代的問題，在進行這部分研究時，需要結合上述方法綜合分析。比如對嚴復科學觀的研究就涉及到了科學方法論、還原論；對嚴復社會有機體理論的研究就要用到社會學的方法；對嚴復再創造的自由民主思想的研究，就要涉及到歷史分析、文化解釋的方法；就嚴復對西學的文化實用主義態度，就要用到認識論的方法，等等。

第一章　晚清以來的西學東漸

第一節　西學路徑

大多數人認為中國學習西方的路徑是器物—制度—文化這樣一個被動的過程。〔註 1〕但是這種解釋亦有欠妥之處，因為從一接觸西方開始就有人景仰西方的文化，〔註 2〕而且這條線還一直延續下來。

> 中國古代雖然沒有憲政，但是卻有欣賞憲政價值觀的基礎。這種價值觀使得國人在看到憲政與帝制兩種現象時對前者產生嚮往而對後者發生厭惡。鴉片戰爭後像郭嵩燾這樣的對外交事務稍有瞭解的人，他在見到憲政、民主後對其「天下為公」讚賞備至，就是這種價值觀的反映。〔註 3〕

中國傳統思想中的「大同」社會為文人們提供了欣賞西方憲政的價值觀基礎。《禮記．禮運》中有云：「昔者仲尼與於蠟賓，事畢，出遊於觀之上，喟然而歎。仲尼之歎，蓋歎魯也。言偃在側曰：『君子何歎？』孔子曰：『大道之行也，與三代之英，丘未之逮也，而有志焉。』

〔註 1〕詳見王人博：《中國近代的憲政思潮》，法律出版社 2003 年版。

〔註 2〕本傑明．史華茲在《尋求富強——嚴復與西方》一書中論證說中國學習西方不是因為我們景仰西方的文化，而是因為國難當頭要尋求富強，所以學習西方，這種學習帶著一種功利性。參見本傑明．史華茲：《尋求富強——嚴復與西方》，江蘇人民出版社 2010 年版，第 7～12 頁。王人博也同意史華茲的觀點。參見王人博：《中國近代的憲政思潮》，法律出版社 2003 年版，第 109 頁。

〔註 3〕參見秦暉：《晚清儒者的「引西救儒」》，網址：http://www.infzm.com/content/46377，最後訪問時間：2016 年 12 月 20 日。

大道之行也，天下為公。選賢與能，講信修睦，故人不獨親其親，不獨子其子，使老有所終，壯有所用，幼有所長，矜寡孤獨廢疾者，皆有所養。男有分，女有歸。貨惡其棄於地也，不必藏於己；力惡其不出於身也，不必為己。是故謀閉而不興，盜竊亂賊而不作，故外戶而不閉，是謂大同。」

禮運中大同社會的價值可以用來擁護西方的憲政和民主。

一、急於引進西學的「反法之儒」

如果回溯中國歷史，我們就會看到有這樣一批儒士，他們往往概歎「禮崩樂壞」，憎恨「周秦之變」。在譚嗣同痛恨的「兩千年皆儒表法裏的秦制」以前，原教旨主義儒家認為有「王道」和「霸道」兩種治國方式。他們認為秦始皇統一中國，建立的中央集權統一制度就是霸道，他們是很不滿的。漢武帝「罷黜百家，獨尊儒術」以後，「儒表法裏」逐漸形成。對於「法裏」，儒家原教旨主義者會在它太過嚴苛的時候站出來指責，這些原教旨主義的儒家就是「反法之儒」〔註 4〕。人們忽略了在晚清以來的很長一個時期，最急於引進西學的人就是這些「反法之儒」。

鴉片戰爭後，中國面臨的文明危機是前所未有的。嚴復曾在 1896 年 10 月的《原強修訂稿》中論證了當時中國正逢三千年未有之變。他先引用了一位「論客」的觀點：

> 甚矣先生之言，無異杞人之憂天墜也！自三代以迄漢朝，南北狺狺，互有利鈍。雖時見侵，無損大較，固無論已。魏晉不綱，有五胡之亂華，大河以北，淪於旃裘羶酪者近數百年。當是之時，哀哀黔首，衽革枕戈，不得喙息，蓋幾靡有孑遺，秏矣！息肩於唐，載庶載富。及至李氏末造，趙宋始終，其被禍乃尤烈。金源女真更盛迭帝。青吉斯汗崛起鄂諾，威讋歐洲。忽必烈汗薦食小朝，混一華夏，南奄身毒，北暨俄羅，幅員之大，古未有也。然而塊肉淪喪，不及百年，長城以南，復歸漢產。至國朝龍興遼瀋，聖哲篤生，毋我群黎，革明弊政，湛恩汪穢，蓋三百祀於茲矣。此皆著自古昔者也。其間遞嬗，要不過一姓之廢興，而人民則猶此人民，聲教則猶古聲教，然則即今無諱，損益可知。林林之眾，詎無噍類！而吾子

〔註 4〕參見秦暉：《引西救儒：西學可以把儒家從法家的壓迫中解救出來》，網址：http://www.toutiao.com/i6304253820729819650/，最後訪問時間：2016 年 11 月 9 日。

聳於達爾文氏之邪說，一將謂其無以自存，再則憂其無以遺種，此何異眾人熙熙，方登春臺，而吾子被發狂叫，白晝見魅也哉？不然，何所論之怪誕不經，獨不慮旁觀者之閔笑也？況夫昭代厚澤深仁，隆基方永，景命未改，謳歌所歸，事又萬萬不至此。殷憂正所以啟聖明耳，何直為此叫叫也？且而不見回部之土耳其乎？介夫俄與英之間，壤地日蹙，其傴也可謂至矣，然不聞其遂至於亡國滅種，四分五裂也，則又何居？吾子念之，物強者死之徒，事窮者勢必反，天道剝復之事，如反覆手耳。安知今之所謂強鄰者不先笑後號咷，而吾子漆歎嫠憂，所貶君而自損者，不俯弔而仰賀乎？〔註 5〕

嚴復對「論客」當頭棒喝，釜底抽薪，指出「論客之所指為異族之非異族也。」〔註 6〕「論客」所指的異族不僅僅是五胡亂華時的異族那麼簡單，因為他們最終都是接受了中華文化的，「其化轉以日廣，其種轉以日滋」，因此「常受制於中國……不得謂異族制中國也。」〔註 7〕緊接著，嚴復話鋒一轉，提醒道：「然而至於至今之西洋，則與是斷斷乎不可同日而語矣。彼西洋者，無法與法並用而皆有以勝我者也。自其自由平等觀之，則捐忌諱，去煩苛，決壅敝，人人得以行其意，申其言，上下之勢不相懸，君不甚尊，民不甚賤，而聯若一體者，是無法之勝也。自其官工商賈章程明備觀之，則人知其職，不督而辦，事至纖悉，莫不備舉，進退作息，未或失節，無間遠邇，朝令夕改，而人不以為煩，則是以有法勝也。其民長大鷙悍既勝我矣，而德慧術智較而論之，又為吾民所必不及。故凡所謂耕鑿陶冶，織紝樹牧，上而至於官府刑政，戰鬥轉輸，凡所以保民養民之事，其精密廣遠，較之中國之所有所為，其相越之度，有言之而莫能信者。且其為事也，又一一皆本之學術；其為學術也，又一一求之實事實理，層累階級，以造於至大至精之域，蓋寡一事焉可坐論而不可起行者也。推求其故，蓋彼以自由為體，以民主為用。一洲之民，散為七八，爭雄並長，以相磨淬，始於相忌，終於相成，各殫智慮，此日異而彼月新，故能以法勝矣，而不至受法之敝，此其所以為可畏也。」〔註 8〕可見「三千年未有之變」，根本原因是幾千年來人們第一次對我們的道統產生了懷疑。

〔註 5〕《嚴復集》，第 20～21 頁。
〔註 6〕《嚴復集》，第 21 頁。
〔註 7〕《嚴復集》，第 22 頁。
〔註 8〕《嚴復集》，第 22～23 頁。

二、如何學習西方

徐繼畬、郭嵩燾、薛福成、譚嗣同在論證如何學習西方時，有一些共同的特點：〔註 9〕

第一，他們覺得西方就是「天下為公」的大同社會。傳統儒家一直有一種對現實的不滿情緒，對社會總是持批判態度。他們帶著這種價值觀去看西方，確實是「天下為公」，所以就有學習西方的動力。比如著有《瀛寰志略》的徐繼畬就說：「曰華盛頓異人也，起事勇於勝廣（陳勝、吳廣——筆者注），割據雄於曹劉（曹操、劉備——筆者注），既已提三尺刃，開疆萬里，乃不僭位，號不傳子孫，而創為推舉之法。幾於天下為公，駸駸乎三代之遺意。其治國崇讓善俗，不尚武功。……米利堅，合眾國以為國，幅員萬里，不設王侯之號，不徇世及之規，公器付之公論，創古今未有之局……」〔註 10〕徐繼畬的這段文字被視為中國最早引進西方自由民主思想的標誌性言論。

第二，從「天下為公」的價值觀出發，他們覺得西方社會體現的正是中國三代所達到的文明，而當時的中國正是禮崩樂壞的局面。比如郭嵩燾就說：「三代以前，獨中國有教化耳，故有要服、荒服之名，一皆遠之於中國而名曰夷狄。自漢以來，中國教化日益微滅，而政教風俗，歐洲各國乃獨擅其勝。其視中國，亦猶三代盛時之視夷狄也。中國士大夫知此者尚無其人，傷哉！」〔註 11〕薛福成曾經懷疑郭嵩燾言過其詞，直到 1890 年他親自置身歐洲風雨中時，才知道郭嵩燾所言不虛：「昔郭筠仙侍郎，每歎羨西洋國政民風之美，至為清議之士所抵排，余亦稍訝其言之過當。以詢之陳荔秋中丞、黎蓴齋觀察，皆謂其說不誣。此次來遊歐洲，由巴黎至倫敦，始信侍郎之說，當於議院、學堂、監獄、醫院、街道證之。」〔註 12〕

第三，要抵制法家的霸道，就要學習西方的民主共和，天下為公。三代是民主的，所以要行王道，回復到秦制以前。用譚嗣同的話說：「二千年來之政，秦政也，皆大盜也；二千年來之學，荀學也，皆鄉愿也。惟大盜利用鄉愿，惟

〔註 9〕參見秦暉：《晚清儒者的「引西救儒」》，網址：http://www.infzm.com/content/46377，最後訪問時間：2016 年 12 月 20 日。

〔註 10〕參見徐繼畬《瀛環志略》卷九《北亞墨利加米利堅合眾國》，臺灣華文書局影印道光三十年福州版。

〔註 11〕郭嵩燾：《倫敦與巴黎日記》，嶽麓書社 1984 年版。

〔註 12〕薛福成：《光緒十六年三月十三日日記》，載《薛福成日記》，吉林文史出版社 2004 年。

鄉愿工媚大盜。……」〔註13〕郭嵩燾認識得更深，他說西方沒有鄉愿，唯有的就是齊心協力為國為民的臣民：「國政一公之臣民，其君不以為私。其擇官治事，亦有階級、資格，而所用必皆賢能，一與其臣民共之。朝廷之愛憎無所施；臣民一有不愜，即不得安其位。自始設議政院，即分同異二黨，使各歇其志意，推究辨駁，以定是非；而秉政者亦於其間迭起以爭勝。……朝廷又一公其政於臣民，直言極論，無所忌諱；庶人上書，皆與酬答。其風俗之成，醞釀固已久矣。」〔註14〕薛福成亦是高度推崇西方的議院制度：「泰西諸大國，自俄羅斯而外，無不有議院。……議院者，所以通君民之情者也。凡議政事，以協民心為本。大約下議院之權，與上議院相維制，上下議院之權與君權、相權相維制。」〔註15〕他對西方的政教文明佩服不已：「西人嘗謂，謀國之要有三，曰安民，曰養民，曰教民。」〔註16〕他還批評沒有出過國門的洋務派，認為他們學習西方的船尖利炮是不懂西方，「知西國所以坐致富強者，全在養民教民上用功。而世之侈談西法者，僅曰：『精製造、利軍火、廣船械』，抑亦末矣。」〔註17〕

第二節　引進西學的嚴復——以進化論為核心

一、早年嚴復

與上述徐繼畬、郭嵩燾、薛福成、譚嗣同等反法之儒不同，嚴復不僅在西方生活的時間更長，而且還深刻地鑽研了西書。嚴復在英國海軍學校讀書時，結識了大清帝國駐英公使郭嵩燾，並且得到了他的青睞，與之建立了非同一般的關係。嚴璩的《侯官嚴先生年譜》說：「湘陰郭侍郎嵩燾為出使英國大臣，見府君而異之，引為忘年交。每值休沐之日，府君輒至使署，與郭公論述中西學術政制之異同。」〔註18〕秦暉認為，嚴復翻譯《群己權界論》（《論

〔註13〕譚嗣同：《仁學》，中州古籍出版社1998年版，第169頁。

〔註14〕郭嵩燾：《致李傅相》，載《養知書屋文集》卷十三，上海古籍出版社2002年影印版，第289頁。

〔註15〕薛福成：《光緒十八年二月十八日日記日記》，載《薛福成日記》，吉林文史出版社2004年。

〔註16〕薛福成：《光緒十八年閏六月初六日記》，載《薛福成日記》，吉林文史出版社2004年。

〔註17〕薛福成：《光緒十九年六月十四日日記》，載《薛福成日記》，吉林文史出版社2004年。

〔註18〕《嚴復集》，第1547頁。

自由》）就是在引西救儒，〔註19〕他的說法是有根據的，因為早期的嚴復非常重視自由這個概念。

後世很多學者都認為早年的嚴復反對中學提倡西學，這裡的「中學」當然指以儒家為代表的學說。其實嚴復並不反對儒學中的精義。比如，他經常在翻譯過程中以按語的形式加入儒學的理解，在《天演論·論性·第十三》的按語中，他寫道：「復案。此篇之說。與宋儒之言同。宋儒言天。常分理氣為兩物。程子有所謂氣質之性。氣質之性。即告子所謂生之謂性。荀子所謂惡之性也。大抵儒先言性。專指氣而言則惡之。專指理而言則善之。合力氣而言者則相近之。善惡混之。三品之。其不同如此。然惟天降衷有恆矣。而亦生民有欲。二者皆天之所為。古性之義通生。三家之說。均無所明之論。朱子主理居氣先之說。然天氣又何從見理。赫胥黎氏以理屬人治。以氣屬天行。此亦顯諸用者言之。若自本體而言。亦不能外天而言理也。與宋儒言性諸說參觀可耳。」〔註20〕這裡嚴復並沒有肯定西學而反對儒學，而是覺得「此篇之說，與宋儒之言同」，讓讀者「參觀」宋儒諸說。但嚴復卻旗幟鮮明地反對法家，他在另一本譯著《法意》的按語中說道：「此節（指《專制形質》）所論。恨不令申不害李斯見之。上蔡欲專秦之權。為之維齊。乃有督責書之上。不意後之為維齊者。又乃趙高而非己也。或曰。如孟氏（孟德斯鳩）之說。則專制云者。無法之君主也。顧申韓商李皆法家。其言督責也。亦勸其君以任法。然則秦固有法。而自今觀之。若為專制之尤者。……」〔註21〕所以說早期的嚴復是反法之儒是毫不為過的，只不過他走得更遠而已。

1854年，嚴復出生於福建侯官陽崎鄉的一個村莊。嚴氏家族是受人尊敬的士紳門第，祖籍在唐朝時的河南。福建儘管偏處一隅，卻有很多像嚴復家族那樣遷來的書香門弟，很早就是一個知名文人的薈萃之地。

嚴復家鄉位於烏龍江與閩江之間的南臺島西南端，面臨烏龍江，隔江與南嶼鎮東西相對，距市中心約十公里。陽岐分上、下岐等五個自然村，中隔一河，通以石橋。另有玉屏、李家、鼇頭、崎角、伯仲諸山錯落其間，完全

〔註19〕參見秦暉：《引西救儒：西學可以把儒家從法家的壓迫中解救出來》，網址：http://www.toutiao.com/i6304253820729819650/，最後訪問時間：2016年11月9日。

〔註20〕嚴復譯：《天演論·論性　第十三》，北京時代華文書局2014年，第106～107頁。

〔註21〕嚴復譯：《法意》，北京時代華文書局2014年，第20頁。

沒有任何西方文化的蹤跡。嚴復的幼年幾乎沒有受到西方文化的影響。

嚴復的父親嚴振先，是當地名醫。他的母親出生平民。嚴復晚年在憶昔詩中，曾懷著極為深摯的感情回憶母親。他描述了母親在他父親去世後，為了養家，只能為別人做針線活的艱辛。母親硬挺著熬，有好幾年，都聽見母親「五更寡婦哭」，他「聞者墮心肺。」〔註22〕

嚴振先死於 1866 年，雖然過世得早，但他很關心嚴復的教育。嚴復 12 歲時，父親盡己所能為他請了一個很好的塾師。嚴復通過科舉踏入仕途的前景似乎隱隱在望。嚴復的塾師黃少岩，是地方上有名的飽學之士。黃少岩不僅督課很嚴，所授內容也不限於經書。黃先生有煙癖，嚴復日課完畢後，常侍坐在老師煙塌之側，飽聆先生談說宋、元、明儒學案及典籍。

嚴復 14 歲那年，黃少岩一病不起，命歸黃泉。嚴復對老師的死「哀慟不已，」〔註 23〕可見師生關係是相當深情和融洽的。這位塾師給了嚴復相當大的影響。人們對黃少岩的簡略評價是「其為學漢、宋並重，著有《閩方言》」，〔註24〕可見他並不是個庸碌之輩，而是個頗有學問的人。

14 歲時，嚴復接受的經史教育中斷了，但他仍然受到了紮實而深刻的古典經史教育，後來亦不斷地學習這方面的知識。嚴復的「古體」文章和詩作擁有極大的文學價值，這些作品都深深帶有傳統文化的烙印。嚴復雖然只受了兩年的經史教育，但他和下一代只接受了部分傳統教育的完全西化的年輕人是絕不相同的，傳統文化在他身上烙上了深深的印記。嚴復極度推崇中國傳統的孝道就是一個很好的證明，他的個人及家庭生活，從未偏離傳統儒家的行為規範。

嚴復 14 歲時與一個王姓姑娘結婚。王氏生了個男孩，取名嚴伯玉，她於 1892 年去世。同年，嚴復又結了婚，第二個妻子生了四個女兒。他主張婦女受教育，對自己的女兒，他堅定地讓她們受教育，但在家庭生活的其他方面，他還是傳統父權式的家長。

父親在 1866 年去世，使嚴復科舉致仕的憧憬成為泡影。在傳統的士紳家庭中，像因為父親去世，導致像嚴復那樣命運多舛的，在中國近代社會屢見不鮮。但是，在 19 世紀末期，對那些科舉仕途受阻的士子來說，則有了新的

〔註22〕《嚴復集》，第 388～399 頁。
〔註23〕王蘧常：《嚴幾道年譜》，商務印書館 1936 年版，第 8 頁。
〔註24〕嚴璩：《侯官嚴先生年譜》，《嚴復集》，第 1546 頁。

改讀「西學」這樣一種選擇。嚴復的同省人魯迅，比他小 27 歲，年輕時有著與嚴復驚人相似的經歷：父親去世，使家庭陷入悲慘的境地，寡母眼含無奈的淚水，被迫送他去上「洋務」學堂。

嚴復能進入福州船政學堂這所海軍學校，是因為得到沈葆楨的激勵和賞識，沈當時任船政局監督。有趣的是，入學考試的作文題居然完全不體現專業性，沈葆楨也許是因為喪親丁憂的緣故，出了《大孝終身慕父母論》的考題。嚴復喪父未久，剛經歷了與親人生離死別，不免觸題生情，筆端飽滿地寄託了對亡父的哀思，對母親含辛茹苦的感激。他揮筆成章，寫下了幾百字的一篇聲情並茂的文章。這篇文章很得沈葆楨的擊賞，他以第一名將嚴復錄取。在幾十年後，嚴復提起此事，仍感念不置，並用詩歌記下了自己的感戴之情。詩中說：「尚憶垂髫十五時，一篇大孝論能奇。誰言死後無窮感，慚負先生遠到期。」〔註 25〕嚴復一生中，沒有任何背叛過家長權威、甚或有任何反對過孝道的念頭。他從來沒有從孝道方面去思考過為什麼中國沒有個人自由的原因。

嚴復因為第一名，他被允許挑選進造船學堂或馭船學堂。造船學堂講授用法文，馭船學堂講授用英文。嚴復選擇了馭船學堂。他在學校裏學習了英語、數學、物理、化學、天文學、地質學和航海學。這些自然科學的學習為他的科學觀打下了深厚的基礎，可以說嚴復對科學的認識都來源於自然科學。

嚴復經過五年認真刻苦的學習，終於在 1871 年以優異成績畢業，隨即去海上實習。他駕駛訓練船建威號南至新加坡、檳榔嶼，北抵直隸和遼東沿海。1872 年，他駕駛揚武號巡航黃海並到過日本。他在揚武號上的操作得到英籍教習脫來西的高度讚揚，後來脫來西幫助嚴復獲得了赴英進一步深造的機會。1874 年，嚴復執行了一次實際的海軍任務，那年中日危機時，沈葆楨派揚武號去測量了臺灣東部各海口的水深。

嚴復於 1877 年赴英國深造。赴英前，嚴復已對西學初步有所掌握，對這些學問頗有興趣。到了英國後，嚴復繼續鑽研西學，他和中國駐華公使郭嵩燾一見如故。他們經常在一起「論析中西學術異同，窮日夕勿休。」〔註 26〕很多年後，嚴復回憶道：「猶憶不佞初遊歐時，嘗入法庭，觀其聽獄，歸邸數

〔註 25〕《嚴復集》，第 364 頁。
〔註 26〕王蘧常：《嚴幾道年譜》，商務圖書館 1936 年版，第 7 頁。

日，如有所失，」他告訴郭嵩燾：「英國與諸歐之所以富強，公理日伸，其端在此一事」，嚴復看到中國社會「以貴治賤」所導致的「仁可以為民父母，而暴亦可以為豺狼」這種因缺乏法律約束及法律面前的平等，官宦權貴可以為所欲為草菅民命深為不滿，認為沒有公平的法律制度，「縱然天下雖極治，其獄罰終不能以必中，而僥倖之人，或可與法相遁。此上下之所以交失，而民德之所以終古不蒸也。夫民德不蒸，雖有堯舜為之君，其治亦苟且而已。何則？一治之餘，猶可以亂也。」〔註 27〕並說公使對此「深以為然，見謂卓識。」〔註 28〕在英國留學了兩年，他對英國的文明瞭解益深，也就更能看透中國傳統文化的弊病。他認為：「中國切要之義有三：一曰除忌諱，二曰便人情，三曰專趣向。」這種看法得到了郭嵩燾的贊許，稱其「可謂深切著明。」〔註 29〕郭嵩燾的認識超出了同朝政治家，他認為中國不僅需要學習西方的器物，更要全方面學習西方的文化，在這一點上，他大大超過了李鴻章。

二、不預機要的局外人

1879 年，嚴復回國之後經歷了一連串令人沮喪的事情，這些事使他把個人的鬱懣與對中國境況的激憤緊緊地交融在了一起。李鴻章在嚴復回福州母校任教一年後，將他調到新成立的天津北洋水師學堂。嚴復從總教習開始做起，再當會辦，最後做到總辦，他在這所學校度過了 20 年的時間。在甲午戰爭前，嚴復幾乎一直過著海軍學校的生活。他的同學回國後都在海軍界任艦長等職（如劉步蟾、林泰曾、林永升、方伯謙等，都是與嚴復同批出國的同學），而他只是空守著天津這個學校。「文忠（李鴻章）大治海軍，以君（嚴復）總辦學堂，不預機要，奉值而已。」〔註 30〕這說明李鴻章不重用嚴復，同時，嚴復對李鴻章也是很不滿意的。他始終是「局外人」，不能參與決策、這正是他灰心喪氣的根源。他在英國期間獲得的見識使他意識到李鴻章洋務運動的失當，比如創建海軍，就不能只靠引入西方的船尖利炮。他回憶起與赫德爵士的一次談話：

> 海軍之於人國，譬猶樹之有花，必其根於支條堅實繁茂，而與風日水土有相得之宜，而後花見焉；由花而實，樹之年壽亦以彌長。

〔註27〕《嚴復集》，第 969 頁。
〔註28〕《嚴復集》，第 969 頁。
〔註29〕郭嵩濤：《倫敦與巴黎日記》，嶽麓書社 1984 年版，第 535 頁。
〔註30〕陳寶琛：《嚴君墓誌銘》。

> 今之貴國海軍，其不滿於吾子之意者眾矣。然必當於根本求之，徒苛於海軍，未見其益也。〔註 31〕

嚴復對這個比喻深以為然。

嚴復對自己的學識未被尊重非常沮喪，在京津第一次目睹到高官顯宦的貪腐墮落、無所用心及自滿懶散後，他更為失望了。他在寫給四弟觀瀾的信中說：「眼前世界如此，外間幾無一事可做。官場風氣日下，鬼蜮如林，苟能拂衣歸里，息影敝廬，真清福也。……至於上司，當今做官，須得內有門馬，外有交遊，又須錢鈔應酬，廣通聲氣。兄則三者無一焉，又何怪仕宦之不達乎？」〔註 32〕

嚴復確實想改變「局外人」的身份。1885 年，嚴復開始參加鄉試，想考取舉人，但連續參加了四次都失敗了。他在詩中有「四十不官擁皋比，男兒懷抱誰人知」，「當年誤行旁行書，舉世相視如髦蠻」〔註 33〕的牢騷。皋比即虎皮，宋代張載曾坐虎皮講《易經》，後稱任教為「坐擁皋比」。旁行書即橫寫的外文，此處指學西學。緩慢的升遷之路，使他焦慮，心中頗有怨言。在 1895 年後，他把這種個人的痛苦傾注到對科舉考試制度的異常猛烈的抨擊之中。

嚴復的頂頭上司李鴻章儘管主持洋務運動，但對官場現狀不僅習以為常，而且早就深陷腐敗。甲午戰爭的失敗，讓他認識到李鴻章「不學無術私心未淨之人，雖勳業爛然之不足恃也。」〔註 34〕嚴復痛恨日本奪占琉球。同他一起在英國海軍學習的日本同學都將自己的才幹充分發揮出來，在甲午戰爭中打敗了中國。嚴復卻在戰爭中看到官場中各種利益的爭鬥。在李鴻章的主持下，北洋海軍任人唯親，海軍各要害部門幾乎都由李鴻章的親信、門生和淮系人士把持，最為明顯的莫過於丁汝昌出任海軍提督一職。丁是安徽廬江人，原係陸將，從淮軍將領劉銘傳鎮壓捻軍起家，官至提督，根本不懂海軍。

甲午戰敗後，自然有人會把戰敗的賬算在李鴻章的親信丁汝昌頭上，進而打擊李鴻章。嚴復認識到這種官場上利益爭鬥的實質，它不是為了真正的總結經驗教訓，而是為了攜私報復。他不禁長歎道：「平生嘗歎吾國人，上下行事不離兩途，一曰短命、一曰絕嗣，短命者，利一日之私，不為已後日地

〔註 31〕《嚴復集》，第 498 頁。
〔註 32〕《嚴復集》，第 731 頁。
〔註 33〕《嚴復集》，第 361 頁。
〔註 34〕《嚴復集》，第 498 頁。

也，絕嗣者苟一時之安，不為後人計也。」〔註 35〕這樣的人治如何能確保法律一以貫之的執行下去？嚴復對此頗有感觸：

> 今夫軍旅之法，有最重者焉曰毋違令，上有所令其是非，然否，利鈍短長，皆非其下所得以擬議者也，赴湯蹈火篤奉信行無稍出入而已，不如是者，雖有至練之兵，極勇之將，不可用也，故司令之權至重，而其責亦至殷，往者甲午海軍，由大東溝而旅順，由旅順而威海，威海恃口岸砲臺為聲援，已而敵人自落風港潛趨，拊威海之背，口岸之砲臺全失，海軍屯威海者，遂成釜中之魚，提督丁汝昌竭四十餘晝夜之力，而內地之援不至，乃自殺，而以軍與日人，方其為此非各艦將弁所得與聞也，就令與聞，法不得抗，故副將楊用霖死之，而議不可反，且是時雖欲強戰，而艦勇死傷僅餘，亦不用命也，和議成，津海關道李興銳以文吏議前案，大恨海軍之所謂曰元帥命令，固不可以不遵，雖然有治命、有亂命，丁汝昌垂死之令，乃亂命也，諸艦將弁奈何遵之？……復曰：……方李之議威海案也，亦迎合京外痛惡李文忠之意向耳，而孰知從此中國軍中將令有不復行之憂，嗚呼，法之不可自相矛盾如此。〔註 36〕

嚴復目睹甲午戰敗的種種弊病卻仍是一個報國無門的局外人。「常語人，不三十年藩屬且盡，繯我如老悖牛耳！」〔註 37〕

三、現代文明的秘密——社會進化論

既然仕途上不得意，嚴復就把精力放在學習西學上面了。他從英國回國時，就有了一種革命性的認識，他在西方思想家的著作中可以找到西方現代文明的秘密。因此，在以後的年月裏，他繼續閱讀「有見識」的西方著作。早在 1881 年，他就讀過斯賓塞的《社會學研究》（嚴譯本為《群學肄言》），這是影響嚴復終生思想的一件大事。許多年後，他在《譯〈群學肄言〉自序》中，曾談到自己讀此書的最初感受。可以說斯賓塞的思想支配了嚴復以後整個思想的發展。

〔註 35〕《中國法律思想史》編寫組：《中國法律思想史資料選編》，法律出版社 1983 年版，第 861～862 頁。

〔註 36〕《中國法律思想史》編寫組：《中國法律思想史資料選編》，法律出版社 1983 年版，第 861～862 頁。

〔註 37〕王蘧常：《嚴幾道年譜》，商務圖書館 1936 年版，第 8 頁。

《社會學研究》寫於 1872 年，是斯賓塞應他的一位熱情的美國信徒尤曼斯教授之請而寫的。這本書並沒有全面論述斯賓塞社會學的整個體系，該體系體現在後來撰寫的《社會學原理》的導言中，它概括了創建「科學的王后」——社會學所必需的所有感情的、倫理的和理智的屬性。斯賓塞陳述了種種阻礙真正客觀的、科學的社會學產生的主觀偏見和客觀困難，但在許多章節中，也摻雜著他自己的大量偏見。

嚴復深深的倚賴於傳統文化，但是他企圖通過西學來改造中學是很明顯的。嚴復認為斯賓塞的書兼有四書的精義。他曾說，他「生平好為獨往偏至之論」，但在讀了斯賓塞的書以後，才發覺了自己的錯誤：

> 不佞讀此在光緒七、八之交，輒歎得未曾有。生平好為獨往偏至之論，及此始悟其非，以為其書實兼《大學》《中庸》精義，而出之以翔實，以格致誠正為治平根本矣。每持一義，又必使之無過不及之差，於近世新舊兩家學者，尤為對病之藥，雖引喻發揮，繁富弔詭，顧按脈尋流，其意未嘗晦也。其《膳學》以下三篇，真西學正法眼藏，智育之業，捨此莫由。斯賓塞氏此書，正不僅為群學導先路也。〔註 38〕

嚴復認為，斯賓塞的《群學肄言》兼有《大學》、《中庸》二書的精義，闡幽發微，持論中正，引證詳實，以格物致知、誠意正心為治國平天下的基礎。可以說，斯賓塞使嚴復恢復了對中國傳統經史中講述的「至善」和「睿智」的信念，正是科學及其方法讓嚴復認為可以達到「真知」，實現中國哲學上講的「格物致知」，以資達到「誠意正心」。

此外，斯賓塞的書之所以最使人激奮，還因為此書顯示了西方科學的方法與治國平天下的關係：「以格致誠正為治平根本。」〔註 39〕嚴復對該書以「原則」為標題的幾章（第十三至十六章）特別感興趣。在這幾章中，斯賓塞闡述了各門科學對「科學之女王」——社會學所作的貢獻：「因為社會學是包括其他一切學科的科學」，每一門學科都提供了「某種思維習慣」，這對於掌握作為全部學科的綜合的社會學是至關重要的。為了進一步闡明這一論題，斯賓塞繼續闡述了各門學科背後存在的原則，並將各門學科擺在其適當的位置。這樣，數學和邏輯學「為各種必然關係提供了不可動搖的信念」，物理學和化

〔註 38〕《嚴復集》，第 126 頁。
〔註 39〕《嚴復集》，第 16 頁。

學「提高了對起因、運用、效果的自覺認識」，而生物學則教授了「連續性、複雜性、因果關係的偶然性」等等。〔註 40〕

斯賓塞的觀點有兩處引起了嚴復的興趣。首先，各學科一下子被按照廣泛的哲學原理加以解釋，並被置於一個包羅萬象的系統中。他認為人類憑藉自然而存在，從宇宙到人類社會都是按照由簡到繁這一上升過程中發展的，而且勢不可擋。在這一系統中，每門科學都有自己適當的位置。其次，在這裡，各門科學的原理與嚴復的治平急務直接聯繫起來了，因為社會學不正是治平的基本科學嗎？正像嚴復後來在《原強》一文中所說，斯賓塞「宗天演之術，以大闡人倫治化之事……又用近乎格致之理術，以發揮修齊治平之事。」〔註 41〕

在嚴復看來，斯賓塞的社會進化理論不僅可以解釋社會，還為社會變革提供了方案，即：使進化程度不足的中國達到英國那樣的發達程度。而斯賓塞的思想正好為達到這一目標提供了必不可少的啟示。嚴復的關注首先集中在把社會科學的原理運用於達到英國那樣的進化程度這個極其誘人的目標上了。從這個簡略的說明中，已能很清楚地看出，在斯賓塞的學說中，嚴復發現了西方現代文明的秘密。〔註 42〕

四、譯書立說——以《天演論》為核心

甲午戰爭的失敗，給他刺激很大。他在寫給友人的信中說：「大抵東方變局不出數年之中……嘗中夜起而大哭。嗟乎！誰其知之！」〔註 43〕甲午戰爭後至戊戌政變前這三年間，嚴復主要做了三件事：

第一是「甲午春半，正當東事臬兀之際，覺一時胸中有物，格格欲吐，於是有《原強》、《救亡決論》諸作，登布《直報》。」〔註 44〕除這兩篇文章外，嚴復還登出了《原強續篇》、《論世變之亟》、《闢韓》一共五篇重要文章。這五篇論文系統地展示了他的政治主張。在《闢韓》一文中，他尖銳批判了韓愈《原道》中君主專制的理論。他說：「自秦以來，為中國之君者，皆其尤強梗者也，

〔註 40〕參見本傑明・史華茲：《尋求富強——嚴復與西方》，江蘇人民出版社 2010 年版，第 23～24 頁。

〔註 41〕《嚴復集》，第 16 頁。

〔註 42〕參見本傑明・史華茲：《尋求富強——嚴復與西方》，江蘇人民出版社 2010 年版，第 25 頁。

〔註 43〕《嚴復集》，第 521 頁。

〔註 44〕《嚴復集》，第 514 頁。

最能欺奪者也。」「國誰竊，轉相竊之於民而已。」〔註 45〕

第二是《天演論》的翻譯。1893 年赫胥黎在牛津做了一次「人類進化與社會倫理關係」的演講，後來他在此基礎上出版了 *Evolution and Ethics*。赫胥黎在這本小冊子的前半部分列舉了大量進化論的通俗例子，後半部分則對斯賓塞的社會進化論進行了批判。嚴復為了宣傳自己所支持的社會進化論，只翻譯了這本小冊子的前半部分，是為《天演論》。他還在譯文後加入按語補充說明自己的主張。這本書雖然正式出版於 1898 年，但在 1895 年便已譯成初稿。《天演論》不僅在當時並且整個辛亥革命前十多年，影響都是極大的。清末就流傳著三十多種不同的版本，這是出版界所罕見的。當時關心中國存亡的愛國青年，大家都搶著看。當時在南京做學生的魯迅就說：「星期日跑到城南去買了來，白紙石印的一厚本」，雖然本家長輩嚴加訓飭，但他仍然「一有閒空，就照例吃侉餅、花生米、辣椒，看《天演論》。」〔註 46〕《天演論》的翻譯，使嚴復蜚聲海內。

第三是他在天津創辦了《國聞報》（日報），內中主要社論，大半出於嚴復之手，當日嚴復在《國聞報》上所發表的社論，很有尖銳潑辣的味道。譬如他在《道學外傳》一文中，就對當日的鄉愿儒者，進行了辛辣的諷刺：「面戴大圓眼鏡，手持長竿煙筒，額蓄半寸之發，頸積不沐之泥，徐行僂背，闊額扁鼻，欲言不言，時復冷笑。」他抨擊當時的報紙：「然今日之報，即今日天下之亂民也。……民主者，部落簡陋之習也。」嚴復因而指出：「夫學術之歸，視乎科舉，科舉之制，董以八股，八股之義，出於《集注》，《集注》之作，實唯宋儒，宋儒之名，美以道學。」「支那積二千年之政教風俗，以陶鑄此輩人才，為術密矣，為時久矣。」而培養出來的，只是一些「生為能言之牛馬，死作後人之僵石」的廢物，而政界的達官貴人，學界的書院院長，就往往出於其中。這些人正是「亡國致禍」的根源。甲午戰爭中國為什麼敗於日本？「豈非此輩之多寡，為國勢之盛衰耶？」〔註 47〕因此，居今之日，只有「大講西學」。他認為「東海可以回流，吾言必不可易也。」〔註 48〕至於西學到底是什麼？嚴復說：「苟扼要而談，不外於學術則黜偽而崇真，」就是指

〔註 45〕《嚴復集》，第 34～36 頁。
〔註 46〕《魯迅全集》第 2 卷，人民文學出版社 1981 年版，第 295～296 頁。
〔註 47〕嚴復：《道學外傳》，載《國聞報》光緒二十四年四月十七日。
〔註 48〕《嚴復集》，第 4 頁。

科學;「於刑政則屈私以為公,」〔註49〕就是指民主。民主與科學,是嚴復最早注意並加以提倡的。

百日維新失敗後,嚴復非常悲痛:「伏屍名士賤,稱疾詔書哀。」〔註50〕這兩句詩正可表達他對戊戌六君子就義及光緒被囚稱病的無限憤慨。同時,嚴復在《國聞報》上以「視死如歸」為題對譚嗣同被捕前大義凌然的態度做了報導,表達了對他的敬意。與康有為、梁啟超不同,嚴復認定維新必須學習西方。他批評康、梁稱:「今日更有可怪者,是一種自鳴孔教之人,其持孔教也,大抵於耶穌、謨罕爭衡,以逞一時之意見門戶而已。」〔註51〕「諸公何必學孔子,但能以邁二女子之心為心,則不佞高枕無憂,有以知中國之不亡矣。」〔註52〕與康有為、梁啟超、譚嗣同等要先改革政治不同,嚴復致力於思想啟蒙。正因為嚴復沒有參與戊戌政變,更沒有捲入當時帝黨與后黨之間的權鬥而僥倖躲過一劫。

到了1900年義和團運動發生,嚴復才脫離一住二十年的天津水師學堂,過著南北奔走的奔波生活。他先在上海開會講學,以後又到天津任開灤煤礦華人總辦,到北京任京師大學堂譯局總辦,到上海任復旦大學校長,到安慶任安徽高等師範學堂校長,到北京任學部(教育部)名詞館總纂。但總的來說,其精神所寄,仍在繼續提倡西學。在戊戌政變後至辛亥革命前這十三年中,他最大的精力,用在翻譯西方著名學者的著作。與譯《天演論》一樣,他往往在譯文後面加上自己的按語,用以闡釋、發揮。在戊戌政變後的1899年他寫信給張元濟說:「終謂民智不開,則守舊、維新,兩無一可。即使朝廷今日不行一事,抑所為皆非,但令在野之人,與夫後生英俊洞識中西實情者日多一日,則炎黃種類未必遂至淪胥;即不幸暫被羈縻,亦將有復蘇之一日也。所以屏棄萬緣,惟以譯書自課。」他認為譯書事業是救國大業,同時也覺得這些書譯成之後「僕死不朽矣。」〔註53〕在這段時期內,陸續翻譯出版的有亞當・斯密的《原富》,斯賓塞的《群學肄言》,約翰・密爾的《群己權界論》,甄克思的《社會通詮》,孟德斯鳩的《法意》,約翰・穆勒的《穆勒名學》(只譯完前半部),耶芳斯的《名學淺說》,合前譯《天演論》一共為八部。

〔註49〕《嚴復集》,第2頁。
〔註50〕《嚴復集》,第414頁。
〔註51〕《嚴復集》,第82頁。
〔註52〕《嚴復集》,第83頁。
〔註53〕《嚴復集》,第527頁。

八部譯書的字數，約近兩百萬字。他翻譯的態度，一向是比較審慎的。這些書譯完後，他的精力也已衰頹，進入晚年了。他自信：「彼中盡有數部要書，非僕為之，可決三十年中無人為此者；縱令勉強而為，亦未必能得其精義也。」〔註 54〕這就是說，他自信如果把中西學術水平總結起來的話，自己是當時全國第一人。此言非虛。〔註 55〕

〔註 54〕《嚴復集》，第 523～524 頁。

〔註 55〕以上參考《嚴復集》前言，第 1～6 頁。

第二章　法律思想的知識論基礎

如果要研究嚴復的法律思想，首先就要站在嚴復的立場，對產生他法律思想的知識背景進行全面系統的梳理和研究。顯然，這個知識論體系是非常龐雜的，不僅涵蓋法律領域，還涉及他的其他思想，包括他的中學背景和西學體系。

眾所周知，在近代中國的憲政思潮中，實用主義的選擇態度導致了對西方文化認識的缺失，從而影響了中國民主的發展與成長。〔註 1〕嚴復崇尚斯賓塞的社會進化論，他便誤把社會進化論看作是西方文化的全部。他的這種實用性取向，給中國留下了難以消除的文化後遺症。

嚴復是把西方的進化論應用於中國社會和國家的第一人。嚴復一生對西方的制度並不感興趣，他認為西方強大的原因是西方人思考問題的方式，所以要學習西方，要先學習西方的思維方式。嚴復一生都在翻譯西方著作，他對制度層面的改革不感興趣。他感興趣的是用西方的思維方式來看待和解決中國問題。因此，他認為要建立憲政，首先就要改造中國老百姓的思維，培養類似西方社會那樣的公民。

嚴復誠摯地皈依了西方的進化論。他認為，中國要「爭自存」，就必須「移種」，〔註 2〕即通過自由的制度充分發揮個人的能力以實現群體的自存，而作為國民則需要通過思想啟蒙即「鼓民力、開民智、新民德」〔註 3〕來獲

〔註 1〕參見王人博：《中國近代的憲政思潮》，法律出版社 2003 年版，第 269～270 頁。

〔註 2〕《嚴復集》，第 14 頁。

〔註 3〕《嚴復集》，第 27 頁。

得能力。怎麼興民力、民智、民德？就要提倡「科學」，反對以應試為主的科舉制度，徹底改變迂腐的「無用」、「無實」的學問，引進西學。但是嚴復認為進化是有進程的，需要一步一步來，必須首先培養國民，然後才能實行「以自由為體，民主為用」〔註 4〕的憲政，他反對通過革命一蹴而就達到改造中國的目的。

受「道通為一」〔註 5〕的中學背景影響，嚴復把進化論作為道的具體表現形式，用進化論統一了上至萬物本體，宇宙規律，下至政治、歷史、社會、道德、情感等的知識，形成了以進化論為單一原則的知識體系。這一套知識體系是嚴復用來啟蒙中國國民的基礎，也是他引進西方民主自由所倚靠的知識背景。所以我們要研究嚴復的法律思想，首先就要把目光投向他所仰仗的知識論體系。顯然，以進化論為原則的科學觀是嚴復法律思想的知識論基礎。

第一節　中學背景

一、糅合漢學和宋學

（一）漢學的考證精神

嚴復的塾師黃少岩是漢學和宋學的專家，所以嚴復的漢學和宋學功底都很深厚。「漢學」就是研究與中國漢民族有關的經史、名物的訓詁考據之學。考證學在清代非常盛行，梁啟超認為：「夫無考證學則是無清學也，故言清學必以此時期為中堅。」〔註 6〕而最能代表考證學的又首推戴震，「戴氏之學術……實可以代表清學派時代精神之全部。」〔註 7〕戴震提出「『不以人蔽己，不以己自蔽』」實震一生最得力處。」〔註 8〕

關於人蔽，戴震認為：「宋以來儒者，以己之見硬坐為古聖賢立言之意，而語言文字實未之知。其於天下之事也，以己所謂理強斷行之，而事情源委隱曲實未能得，是以大道失而行事乖。……自以為於心無愧，而天下受其咎，其誰之咎？不知者且以實踐躬行之儒歸焉。」〔註 9〕

〔註 4〕《嚴復集》，第 11 頁。
〔註 5〕《嚴復集》，第 875 頁。
〔註 6〕參見梁啟超：《清代學術概論》，中華書局 2010 年版，第 45 頁。
〔註 7〕參見梁啟超：《清代學術概論》，中華書局 2010 年版，第 45 頁。
〔註 8〕參見梁啟超：《清代學術概論》，中華書局 2010 年版，第 52 頁。
〔註 9〕參見段玉裁編：《戴東原集》，卷 9《與某書》。

那麼怎麼破人蔽呢？就要「不以己自蔽」：「凡僕所以尋求於遺經，俱聖人之緒言暗汶於後世也。然尋求而有獲十分之見者，有未至十分之見者。所謂十分之見，必征諸古而靡不條貫，合諸道而不留餘議，鉅細必糾，本末兼察。若夫依於傳聞以擬其是，擇於眾說以裁其優，出於空言以定其論，據以孤證以信其通，雖溯流可以知源，不目睹淵泉所導，循根可以達杪，不手披枝肄所歧，皆未至十分之見也。以此治經，失『不知為不知』之意，而徒增一惑以滋識者之辨之也。……既深思自得而近之矣，然後知孰為十分之見，孰為未至十分之見。如繩繩木，昔以為直者，其曲於是可見也；如水準地，昔以為平者，其坳於是可見也。夫然後傳其信、不傳其疑，疑則闕，庶幾治經不害。」〔註10〕

梁啟超認為戴震的這種考據方法有其科學精神。戴震的所謂「十分之見與未至十分之見」，類似於科學的定理與假說。科學的目的在於追求定理，但是定理必須先經過假設的過程才能得出。起初得到一個假說，不敢信以為真，它的真的程度或許只有一二分而已，如果假定這個假說和真近似，而憑藉自己的研究之點，經過試驗得出結果，真的程度就會增至五六分、七八分，直至到達十分，那麼這個定理就成立了。如果不能達到十分，或仍然以此假說留待後人考證，就可以放棄這個理論了。要不就會給後來的學者帶來「人蔽」，所以要「傳信不傳疑」，這是學者社會最主要的道德。〔註11〕可見考證精神與科學的嚴謹態度是有共通之處的。

（二）宋學的格物致知

「宋學」是關於宋、元、明理學家對世界萬物的體悟。理學的代表人物是朱熹，他認為格物致知就是：「格，至也。物，猶事也。窮推至事物之理，欲其極處無不到也。」「所謂致知在格物者，言欲致吾之知，在即物而窮其理也。蓋人心之靈，莫不有知，而天下之物，莫不有理。惟於理有未窮，故其知有未盡也。是以《大學》始教，必使學者即凡天下之物，莫不因其已知之理而益窮之，以求至乎其極。至於用力之久，一旦豁然貫通，則眾物之表裏精粗無不到，吾心之全體大用無不明矣。此謂物格，此謂知之至也。」「故致知之道，在乎即事觀理，以格夫物。格者，極至之謂。如『格於文祖』之格，

〔註10〕參見段玉裁編：《戴東原集》，卷9《與姚孝廉姬傳書》。

〔註11〕參見梁啟超：《清代學術概論》，中華書局2010年版，第54頁。

言窮之而至其極也。」〔註 12〕朱熹認為人心可以知天下之物，而眾物的理都是貫通的，即理通為一。

怎樣才能格物致知？與陸王心學立誌感悟不同，朱熹認為，作為道德的理是形而上存在的，要通過不斷地實踐將主觀的心和客觀的理相結合而達至儒家理想的誠意、正心，所以實踐儒家的理是非常重要的：

> 蓋古人之教，自其孩幼而教之以孝悌誠敬之實，及其少長，而博之以詩書禮樂之文，皆所以使之即夫一事一物之間，各有以知其義理之所在，而致涵養踐履之功也。及其十五成童，學於大學，則其灑掃應對之間，禮樂射御之際，所以涵養踐履之者，略已小成矣。於是不離乎此而教之以格物，以致其知焉。致知云者，因其所已知者推而致之，以及其所未知者，而極其至也。是必至於舉天地萬物之理而一以貫之，然後為知之至，而所謂誠意、正心、修身、齊家、治國、平天下者，至是而無所不盡其道焉。〔註 13〕

漢學和宋學的目的都是為了掌握同樣的知識體系——儒學，只不過研究的角度不同，但是「漢學」研究的基本原則——重事實、重研究方法的嚴謹、重掌握傳統文化的系統知識，與宋明理學家「格物致知」的方法論是完全一致的。後來嚴復對斯賓塞宇宙論的形而上學和對穆勒邏輯歸納法與經驗主義所抱有的極大的熱情，從某種程度上正反映了他老師糅合「漢學」與「宋學」的研究旨趣。

二、「道通為一」的統一知識論體系

嚴復曾點評過老莊，對道家思想情有獨鍾。老子作為先秦道家學派的創始人，提出了一個涵蓋所有知識的哲學概念——道。在《道德經》中老子是這樣描述的：「道」既「有物」、「有精」、「有真」、「有信」，即具有各種物質性的真實存在；但同時「道」又是「無」，它「無形」、「無物」、「無狀」，又是形而上學的。道即是「大」，如「有物混成，先天地生，寂兮寥兮，獨立而不改，周行而不怠」〔註 14〕，但它又是「小」，如「天得一以清，地得一以寧，神得一以靈，谷得一以盈，萬物得一以生，侯王得一以天下貞。」〔註 15〕「道」涵蓋了這些

〔註 12〕朱熹：《大學章句》。
〔註 13〕朱熹：《小學・嘉言》。
〔註 14〕老子：《道德經》第 25 章。
〔註 15〕老子：《道德經》第 39 章。

大的小的「一」、真實的物質世界和形而上學，構成了有關天地萬物的統一的知識論體系。〔註16〕

嚴復認為所有的形而上和形而下的知識都是「道通為一」的知識體系，正契合朱熹的理通為一，如他說：

> 格物窮理之事，必道通為一，而後有以包括群言。故雖枝葉扶疏，派流糾繚，而循條討本，則未有不歸於一極者。〔註17〕

為此，他還批評斯密的研究沒能將「眾說」歸於「一宗」：

> 斯密氏之言租也，不特不見其所謂道通為一者；且多隨事立例，數段之後，或前後違反而不復知。……無他，理未見極，則無以郛眾說以歸於一宗。即有奧旨名言，間見錯出，而單詞碎義，固未足以融會貫通也。後此言計之家，思所以補闕拾遺，為之標二義焉，而求其極。〔註18〕

嚴復結合他的中學背景，提出了研究方法：「大抵學以窮理……一曰考訂，聚列同類事物而各著其實。二曰貫通，類異觀同，道通為一。」〔註19〕如何貫通？嚴復認為必由枝葉歸於根本：

> 窮理致知之事，其公例皆會通之詞，無專指者。惟其所會通愈廣，則其例亦愈尊。理如水木然，由條尋枝，循枝赴幹，匯歸萬派，萃於一源；至於一源，大道乃見。道通為一，此之謂也。〔註20〕

據此，嚴復認為在各個領域的專門研究所得的公例都會通為一源，即大道，它的內涵是整個宇宙的規律並超越經驗世界的：

> 老謂之「道」，《周易》謂之「太極」，佛謂之「自在」，西哲謂之「第一因」，佛又謂之「不二法門」，萬化所由起訖，而學問之歸墟也。〔註21〕

這樣一來，嚴復就把道這個單一原則作為會通所有知識的媒介，即以一個原則形成上至宇宙規律、萬物本體，下至政治、歷史、道德、社會、情感

〔註16〕參見徐儀明：《道家與現代科學思維方式的內在聯繫》，載《河南師範大學學報（哲學社會科學版）》，2004年7月。

〔註17〕《嚴復集》，第875頁。

〔註18〕《嚴復集》，第875～876頁。

〔註19〕《嚴復集》，第93頁。

〔註20〕《嚴復集》，第1042頁。

〔註21〕《嚴復集》，第1028頁。

等都「萃於一源」的知識論體系。〔註 22〕

第二節　科學觀——與道混同

一、嚴復的科學觀

（一）什麼是科學

嚴復治學最先接受的是近代自然科學和純粹數學。他早年在福州船政學堂學習時，「所習者為英文、算術、幾何、代數、解析幾何、割錐、平三角、弧三角、代積微、動靜重學、水重學、電磁學、光學、音學、熱學、化學、地質學、天文學、航海學。」〔註 23〕需要強調的是這裡的「算術、幾何、代數、解析幾何、割錐、平三角、弧三角、代積微」都屬於純粹數學。這種經歷使他對科學有了一定的認識：「名、數、質、力，四者皆科學也。」〔註 24〕這是他對科學最初的認識，即科學包括邏輯學、純粹數學、物理、化學。

社會科學能否成為一門科學？嚴復曾經翻譯《國計學甲部》，法國巴黎法典學堂講師齊察理原著，嚴復僅譯 3000 字即告中止。在《國計學甲部》中，嚴復翻譯道：

> 天下所最難以有恆言者，其人事乎！顧自物理日明之後，乃知有此有條不紊者，不僅物變為然，而人事亦莫能外。法國此理首倡於孟德斯鳩與當時治自然學者。彼曰「社會之中有自然之大法」，即此意也。〔註 25〕

嚴復贊同作者對社會科學的肯定，在按語中強調：人事難測是因為原因複雜，難以盡知，並非沒有因果關係，因而不能否認社會科學的科學性。〔註 26〕

社會科學的地位如何？嚴復不僅相信社會科學的科學性，而且將群學（Sociology）〔註 27〕視為各類科學的皇冠，倡導群學，以利於合群保種。在《國

〔註 22〕參見吳展良：《中西最高學理的綰合與衝突：嚴復【道通為一】說析論》，網址：http://www.rujiazg.com/article/id/12292，最後訪問日期 2018 年 3 月 22 日。

〔註 23〕嚴璩：《侯官嚴先生年譜》，《嚴復集》，第 1546 頁。

〔註 24〕《嚴復集》，第 559 頁。

〔註 25〕此據中國歷史博物館嚴復翻譯殘稿，轉引自皮后鋒著：《嚴復大傳》，福建人民出版社 2013 年版，第 93 頁。

〔註 26〕《〈國計學甲部〉案語》，《嚴復集》，第 848 頁。

〔註 27〕嚴復曾翻譯斯賓塞的《社會學研究》，將書名譯為《群學肄言》。

計學甲部》中，嚴復翻譯道：「非人之能為群，實人之不能不群也。群有倫，討而論之，自為一學，命曰群學」；「以群學為之綱，而所以為之目者，有教化學，有法學，有國計學，有政治學，有宗教學，有言語學。」〔註 28〕

嚴復認為科學包括「一曰統挈科學，二曰間立科學，三曰及事科學。」「統挈科學課本分名、數兩大宗，蓋二學所標公例為萬物所莫能外，又其理則鈔眾慮而為言，故稱統挈也。」「間立科學課本者，以其介於統挈、及事二科之間而有此義也。間科分力、質兩門：力如動、靜二力學、水學、火學、聲學、光學、電學；質如無機、有機二化學。」「及事科學課本者，治天地人物之學也。天有天文，地有地質，有氣候，有輿志，有金石；人有解剖，有體用，有心靈，有種類，有群學，有歷史；物有動物，有植物，有察其生理者，有言其情狀者。」〔註 29〕

結合嚴復對科學的三種分類描述和他對《國計學甲部》的翻譯，可以看出嚴復認為科學包括：1. 統挈科學：邏輯學、純粹數學；2. 間立科學：物理、化學；3. 及事科學：醫學、心理學、人類學、生物學、歷史學、社會學、政治學、經濟學、法學、倫理學、宗教學、文學。

嚴復認為「科學所明者公例，公例必無時而不成。」〔註 30〕那麼這些公例是相通的嗎？我們可以通過考察嚴復翻譯的西學著作來回答這個問題。

如嚴譯孟德斯鳩《法意》的首段譯文：「法、自其最大之義而言之。出於萬物自然之理。蓋自天生萬物。有倫有脊。即為倫脊。法自彌綸。不待施設。宇宙無無法之物。物立而法形焉。天有天理。形氣有形氣之理。形而上者固有其理。形而下者亦有其理。乃至禽獸草木。莫不皆然。而於人尤著。有理斯有法矣。」〔註 31〕

孟德斯鳩的英文原文："LAWS, in their most general signification, are the necessary relations arising from the nature of things. In this sense, all beings have their laws; the Deity his laws, the material world its laws, the intelligence superior

〔註 28〕此據中國歷史博物館嚴復翻譯殘稿，轉引自皮后鋒著：《嚴復大傳》，福建人民出版社 2013 年版，第 93 頁。

〔註 29〕《嚴復集》，第 18 頁。

〔註 30〕《嚴復集》，第 100 頁。

〔註 31〕見嚴復譯《法意．法律通論．一切法與物之關係》，北京時代華文書局 2014 年，第 1 頁。

to man their laws, the beasts their laws, man his laws."〔註 32〕

對比嚴復譯文和英文原文，可以發現嚴譯將 law 等同於理。結合第一節所述嚴復「理通為一」或「道通為一」的中學背景，他顯然認為道是會通各個科學領域的單一原則，所以各個科學領域的公例都是相通的。顯然，孟德斯鳩講的並不是理，而是是自然法則（the natural law），屬於自然科學領域，與理是風馬牛不相及的兩個概念，而嚴復卻將它們混同了起來。

（二）科學方法

1. 實驗。如何找到科學公例？除了考訂和貫通，還需要實驗，因為「中西古學，其中窮理之家，其事或善或否，大致僅此兩層（考訂和貫通——筆者注）。故所得之大法公例，往往多誤，於是近世格致家乃救之第三層，謂之實驗。實驗愈周，理愈靠事實矣，此其大要也。」〔註 33〕嚴復認為在科學方法的三個層次中，實驗法最為重要。因此認為：「而二百年學運昌明，則又不得不以柏庚氏（培根）之摧陷廓清之功為首。」〔註 34〕

2. 邏輯。嚴復認為邏輯是一種科學，但又是一種科學方法：「本學之所以稱邏輯者，如貝根（培根）言，是學為一切法之法，一切學之學。」〔註 35〕嚴復認為邏輯首先為「一切學之學」，甚至把它與道等同起來：「則吾生最貴之一物亦為邏各斯。《天演論》下卷十三篇所謂『有物渾成字曰清淨之理』，即此物也。此如佛氏所舉之阿德門，基督教所稱之靈魂，老子所謂道，孟子所謂性，皆此物也。」〔註 36〕其次，邏輯是「一切法之法」：「及觀西人名學，則見其於格物致知之事，有內籀之術焉。有外籀之術焉。內籀云者，察其曲而知其全者也，執其微以會其通者也。外籀云者，據公理以斷眾事者也，設定數以逆未然者也。……二者即窮物理之最要塗術也。」〔註 37〕「公例無往不由內籀，不必形數公例而獨不然也。」〔註 38〕又說：「故明著論者，必以歷史之所發見者為之本基。其見抽取公例，必用內籀歸納之術，而後可

〔註 32〕Charles Louis de Secondat, Baron de Montesquieu: *The Complete Works of M. de Montesquieu* (London: T. Evans, 1777), 4 vols. Vol. 1, p32.
〔註 33〕《嚴復集》，第 93 頁。
〔註 34〕《嚴復集》，第 29 頁。
〔註 35〕《嚴復集》，第 36 頁。
〔註 36〕《嚴復集》，第 1028 頁。
〔註 37〕《嚴復集》，第 1319～1320 頁。
〔註 38〕《嚴復集》，第 1050 頁。

存。」〔註 39〕嚴復強調，內籀是用於改變傳統思維方式的需要。他認為，中國傳統思維的主要特點是外籀，但理論前提並非都是源於科學的內籀，所以「第其所本者大抵心成之說，持之似又故，言之似成理，媛姝者以古訓而嚴之，初何嘗取其公例而一考其所推概者之誠妄乎？此學術之所以多誣，而國計民生之所以病也。……其例之立根於臆造，而非實測之所會通故也。」〔註 40〕他看重內籀思維的原因在於「內籀必資事實，而事實必由閱歷。」〔註 41〕

以上就是嚴復主張的「黜偽而崇真」的科學方法：實驗和邏輯推理。〔註 42〕

二、對嚴復科學觀的評判

（一）科學的定義

嚴復是第一個將西方科學體系引進中國的人。他的科學觀對日後科學學科的分類起到了關鍵作用。他對科學三個層次的分類與現代通用的自然科學和社會科學兩個層次的分類幾乎是一致的。但是嚴復對科學的理解仍是淺顯的，他並沒有弄清楚什麼是科學，什麼是科學方法。

要弄清楚這個問題，我們必須先弄清科學的概念。在過去人們通常把科學等同於知識（knowledge），但隨著現代科學的發展，在 19 世紀晚期，科學不再簡單地等同於知識，而是指通過科學方法能夠在物質世界中得到證明的一般真理和法則。那麼它到底指什麼呢？

首先，它指的是一個可以獲取知識的系統。這個系統是通過實驗或觀察的方法來描述和解釋自然和社會的現象。當然這個系統必須有一個具有研究這些現象的足夠知識的人類主體。所以更正式地說，科學是人類獲取或學習知識的系統領域。

那麼科學的目的是什麼呢？

也許更普遍地描述的科學的目的就是產生一個基於現實的有用模型。絕大多數的科學調查研究都是通過科學方法取得的。

那麼什麼是科學方法呢？

科學方法是一個設計檢驗和進行檢驗的方法。這個方法有助於將謬誤和

〔註 39〕《嚴復集》，第 337 頁。

〔註 40〕《嚴復集》，第 1047 頁。

〔註 41〕《嚴復集》，第 1244 頁。

〔註 42〕以上參考史革新：《嚴復科學民主思想議略》，載《北京師範大學學報（社會科學版）》，2005 年第 2 期。

偏差最小化，同時增強對檢驗結果為真的信心。科學方法有四個步驟：觀察／研究—假設—猜想—檢驗—結果。

一旦確定下一個問題，就是時候用科學方法設計一個檢驗過程來回答這個問題。如果檢驗沒有設計好，就不能得到一個正確的答案，可能在最後不能得到任何一個決定性的答案。科學方法是研究人員對這個世界做出判斷時用到的方法，它的形式是運用邏輯和理性推理的科學方法。

觀察是第一個步驟，此時可以設想如何展開研究。此階段能否深入下去是基於研究人員如何理解問題的。研究人員可以先確定一個主題，然後把它集中到一個特定問題上，用能想到的所有方式去發現答案。研究人員可以通過經驗、書籍、網絡甚至進行不算正式的實驗來收集資料信息。在社會科學研究中，觀察還包括某些社會實踐，如人類學家觀察部落的宗教、儀式等，通過這些符號系統解釋社會現象，這是一種文化解釋的方法。

假設是一個研究人員認為可能得到的某個答案的過程。假設通常指基於研究人員自身的知識和研究情況得到的對某個問題的可能答案。

猜想是基於科學信仰基礎上產生的：如果假設是正確的，那麼人們可以預估和發現它。猜想就是研究人員設想通過什麼樣的實驗來得到想要的結果。

檢驗是研究人員設計用來回答問題的，有且僅只是通過設計的這個檢驗給出結論。

檢驗就是通過科學方法測試假設是否為真的過程。檢驗可以通過實驗、觀察、挖掘、借鑒前人相關研究等來得出結論，結論是最後一個步驟。在檢驗的過程中要往支持或不支持結論等兩方面收集足夠多的證據，在分析證據的基礎上，可能得到這樣兩個結論：

（1）否定假設或（2）肯定假設

如果得到第（2）這個結論，那麼就獲得了支持設想的證據。

上述這幾個步驟並非是一個封閉的系統，而是一個循環往復的過程。〔註43〕

（二）社會科學與自然科學

前面所講的科學方法，不僅適用於自然科學，也適用於社會科學。從形

〔註43〕上述關於科學和科學方法的定義參考自以下網站：http://www.sciencemadesimple.com/science-definition.html；http://www.sciencemadesimple.com/scientific_method.html，沒有標明作者，最後訪問時間：2016年11月17日。

而上學的層面分析，因為社會科學同自然科學一樣，把追求真理作為終極目標，所以所使用的推理和程序及要求都是一樣的。

社會科學和自然科學之間的公例可以互通嗎？這就要提及還原主義（Reductionism）。還原主義是指那些採取一種理論或現象就可以還原成其他理論或現象。例如，細胞這種生物實體可以還原為物理或化學上的實體如原子和分子的集合。目前科學哲學最感興趣的還原論就是：所有科學都可以還原成物理學的現象或原則，這意味著所有現象（包括心理意識現象）都與物理現象相同。所以還原主義被理解為統一科學的一種方式。〔註44〕

蘇珊・哈克教授在 Defending Science-with reason 一書中指出：

> 社會科學同自然科學是一樣的還是有所區別？當然，兩者都是。它們都是一種系統化的探究經驗的形式。但是在社會科學中有主觀因素，比如人們的信念、意識、希望、恐懼等，如何去解釋他們的行為，我建議在社會科學前面加一個詞——意識性（Intentional）。即：意識性社會科學。那麼意識性社會科學能還原成物理學嗎？不行——但也可以。社會科學的解釋系統涵蓋如信念、目標之類的意識元素，但是它不像那些樂觀的統一論者所認為的那樣可以純粹還原成客觀的物理學。儘管如此，意識性社會學和自然科學並不是完全不相關，反而將其和自然科學整合在一起。那意識性社會科學研究的世界和自然科學一樣的嗎？當然，但是比起自然科學那種粗略地還原物理學，意識性社會學的研究要深刻得多。意識性社會科學研究人們的信仰等意識，那些意識是真的，也在構建著社會。意識性社會科學和自然科學用的是同一種研究方法嗎？是——但也不是。就和實驗科學的研究方式一樣，社會科學也是在苦苦分析現象的基礎上進行推理。社會科學研究需要檢查基於實驗證據給出的推測是否合理，然後根據研究人員的知識和經驗對這些推理產生判斷。但是這種研究試圖探索與自然科學解釋不同的方式：比如解釋證據時需要各種不同種類的信息背景作為基礎；意識性社會科學的審查需要各種不同的「幫助」。
>
> 社會科學的還原機制比起自然科學來講，獨具特點。它具有將

〔註44〕還原主義的定義參考自以下網站："Reductionism"，http://www.iep.utm.edu/red-ism/，沒有標明作者，最後訪問時間：2016年11月17日。

人類語言——更確切說是那些傳統的符號組成了複雜的信念和意圖模式，讓人類得以傳遞技能和信息，去思索一些以前從來沒有過的思維。我們想像一下人類的信念及由此產生的行為，我們討論它的還原機制時會不由自主地被拖到兩個方向。一方面看，那個本質的東西應該是由信念構成的；從另一方面看，應該是物理學的再現。當我們對其還原時就會顯示成如下的形式：一個行為得到另一行為的支持或禁止，所以信念可以成為人們支持或反對的原因或其他形式。也就是前者蘊含了後者（從簡單及總括的角度考慮這樣一個聯結式：原因蘊含著信念）。在推理和解釋一個行為時都要求信念起一個前因的作用，即在每一個由某個信念產生某個行為的特定因果關係中，在每一次人們產生一個信念時，就會有一個與之相應的行為在物理現象中產生，這個行為必須符合物理學原則，這個過程看起來像神經生理學的構造。是這樣嗎？當然不是。我們的大腦可比螺絲和齒輪做成的鐘錶來說複雜多了。但是信念這個「前因」導致在現實世界的行為，無論在哪個結構中都能得到適當地體現。它可以通過人們的語言、製作的發動機等形式展現在物理現象中。通過這個過程（要嚴格區分與此相關的神經生理學構造），人類經過邏輯的行為構建了邏輯的世界。可以看出，這個還原機制是完全是物理的，也不完全是物理的，所以這個還原機制還有些補救的方式。它可以純粹就是個社會歷史的故事，通過語言、意義或對未來物質社會的想像（儘管還沒有發生）展示。比起上述的還原機制，我們可以強烈的相信，自然科學和社會科學是一個統一體。邏輯提供了一個簡單強大的概念系統，世界上所有的真理都應該相互契合，否則就會面臨一個晦澀的事實：異質的真理要麼不是真理，要麼就不能契合。那麼還原成的物理現象是否為真呢？當然了。因為我們研究的自然科學各個方面都有賴於我們：包括自然科學的理論、法則、現象，如果沒有人類及人類的語言，它就不會存在。社會科學和自然科學一樣，它的解釋、推理都要體現一般性。……所以，通過觀察研究，我們一樣可以發現社會現象及其公例，……但因為社會科學具有「意識性」的特點，它的公例與自然科學的不可能等同。〔註45〕

〔註45〕Susan Haack: *Defending Science-with reason* (NY: Prometheus Books, 2003), p151～177.關於自然科學和社會科學的分類及它們之間的公例不能等同的問題還可參閱本文附錄一。

社會科學包括哪些呢？基於嚴格的科學定義判斷，社會科學包括社會學、政治學、經濟學和人類學，尤其需要強調的是歷史學和法學不是科學。歷史學在反映物質程度上只能關注到偶然性的歷史事件，雖然在偶然性中也有必然性，但必然性是對歷史經驗的總結，並在此基礎上作出的對歷史發展趨勢的可能性預測，而不是決定論。〔註46〕正如劉志琴所言：「科學是需要反覆驗證的，歷史過往而不復有別於自然科學，是不能驗證的，它屬於人文學科。」〔註47〕而科學關注的是普遍規律，所以就歷史學本身而言，是沒有所謂的普遍發展規律可言的。〔註48〕「凡是認定史學是一門科學的人，主要認為史學能總結社會發展規律……但對歷史來說就有兩個問題：一是歷史常常受到偶然性的挑戰，使它不能按照既定的規律發展；二是科學是對未來的探索活動，科學研究的成果可以驗證，而歷史永遠不能驗證。」〔註49〕法學是由概念、規則、懲罰等組成的制定法系統，它不像科學那樣是描述性的，而是預先規定人們的行為是否合法及違法後將受到怎樣的處罰。雖然歷史學和法學不是科學，但也會借用科學方法進行研究。

（三）小結

綜上所述，我們可以看出嚴復誤讀了科學。首先科學定義和科學方法是嚴密結合在一起的，不能將兩者分開，科學就是通過科學方法發現世界的過程。純粹數學和邏輯都只是人們用來推理的形式，所以本身不是科學，而是人類發明的用來解釋世界的一種語言形式。所以嚴復將邏輯和純粹數學列為「統挈科學」是不正確的；其次，雖然歷史學和法學會借用科學方法進行研究，但它們並不是科學；宗教學和倫理學都屬於哲學這一大類，是人類用以

〔註46〕正如羅伯特·墨頓在勒龐所著的《烏合之眾》代序所指出的那樣，人類社會並沒有先知，因為先知能夠預測未來事件的發展趨勢，但研究歷史的學者不能夠預言社會未來的發展趨勢，甚至是只指出一些細節性的東西都不可能。即使有些人將歷史學家視為了先知，他們能做的也只是盡自己最大努力找出一些能夠表明歷史發展跡象的條件。假如他們預測的某些跡象沒有發生，而且促成跡象發生的條件已經具備，他們就會坐下來重新審查自己的觀點和證據，反省自己的思路。參見【法】古斯塔夫·勒龐：《大眾心理研究：烏合之眾》，新世界出版社 2015 年版，「代序」第 32～33 頁。

〔註47〕劉志琴：《把史學作為科學，則史學亡；把史學作為智慧，則萬世不竭》，https://mp.weixin.qq.com/s/GHAn0Jhqi7DM2NMPv6n0uQ，最後訪問日期 2020 年 4 月 27 日。

〔註48〕歷史學到底是什麼？請參閱附錄二。

〔註49〕劉志琴：《把史學作為科學，則史學亡；把史學作為智慧，則萬世不竭》。

解釋世界的一種猜想和方法論，並無普遍規律可循；文學則是人類的語言形式；所以哲學和文學都不是社會科學。詳見分類如下：

形式：邏輯、純粹數學。

自然科學：物理、化學、醫學、生物學。

社會科學：社會學、政治學、經濟學、人類學。

人文：哲學、文學、歷史學、法學、宗教學、倫理學。

最後，自然科學和社會科學的公例不能通用，就是各個學科之間亦有不同的研究方法，所以「公例」只能侷限在一定的學科範圍內使用。當然嚴復沒有認識到這些也與其所處的歷史時代有關，不能苛求。搞清楚了這些，就為我們研究社會進化論提供了科學和科學方法的視角。

第三節　社會進化論——假定邏輯體系

一、優勝劣汰的生存法則

嚴復曾痛心疾首地問到：「今之扼腕奮聆，講西學、談洋務者，亦知近五十年來，西人所孜孜勤求，近之可以保身治生，遠之可以經國利民之一大事乎？」〔註 50〕

他認為答案是社會進化論：「達爾文者，英國講動植之學者也。承其家學，少之時，周歷瀛寰，凡殊品詭質之草木禽魚，褒集甚富，窮精渺慮，垂數十年，而著一書，曰《物種探源》。自其書出，歐美二州幾於家有其書，而泰西之學術政教，一時斐變。論者謂達氏之學，其一新耳目，更革心思，甚於奈端氏之格致天算，殆非虛言。……其書謂：物類繁殊，始惟一本，其降而日益者，大抵以牽天繫地之不同，與夫生理之常趨於微異；洎源遠流分，遂闊絕相懸，不可復一。然而此皆後天之事，因夫自然，馴致如是，而非泰始生理之本然也。」〔註 51〕

嚴復表述的振聾發聵之處在於斯賓塞「優勝劣汰」的社會進化論。達爾文認為，各種生物體的競爭可導致物種或生物體的死亡，這是一種「自然選擇」，斯賓塞在此基礎上提出了「優勝劣汰」的社會進化論。斯賓塞給人們提供了一種「現代科學」的信仰體系，他將自然科學的發展規律引申至社會科

〔註 50〕《嚴復集》，第 15 頁。

〔註 51〕《嚴復集》，第 15～16 頁。

學，提出了社會進化論。斯賓塞認為下至物質世界、生物有機體，上至人類社會和文化意識都受到進化論的支配。他認為宇宙中的所有結構都是從簡單的、未分化的同質性發展到複雜的、有分化的異質性，在宇宙中，這是一項普遍的法則，適用於星系和恒星、生物有機體、人類社會組織以及人類思想。斯賓塞認為，從簡單的、未分化的同質性到複雜的、分化的異質性的演化過程是由社會的發展所證明的。

嚴復創造了兩個漢語詞彙來表達「自然選擇—優勝劣汰」的概念：「物競」和「天擇」。「物競者」，嚴復解釋說，「物競自存也。天擇者，存其宜種也。」〔註 52〕嚴復繼而更為全面地解釋這兩個術語：「意謂民物於世，樊然並生，同食天地自然之利矣，然於接為構，民民物物，各爭有以自存。其始也，種與種爭，群與群爭，弱者常為強肉，愚者常為智役。及其有以自存而遺種也，則必強忍魁桀，矯捷巧慧，而與其一時之天時地利人事最其相宜者也。此其為爭也，不必爪牙用而殺伐行也。習於安者，使之為勞，狃於山者，使之居澤，以是以於其習於勞、狃於澤者爭，將不數傳而其種盡矣。物競之事，如是而已。是故每有太古最繁之種，風氣漸革，越數百年數千年，消磨歇絕，至於靡有孑遺，如礦學家所見之古禽古獸是已。動植如此，民人亦然。民人者，固動物之類也。達氏總有生之物，標其宗旨，論其大凡如此。」〔註 53〕

嚴復認為，生存是惟一的問題，那就是中國的生存。要求個體為中國而捨棄自己的生命，這是正當的，甚至是道德高尚的。但要求中國為了道義而捨棄自己的生命，要求它不惜代價地維護正義，要求它堅持自己的正直，不放任蠻夷肆意橫行——這是無法想像的。至少嚴復沒有這樣想過，因為他沒有察覺到這種兩難困境。中國的生存同樣成為了一個道德問題，也正是這個問題限定了道德的真正概念。

嚴復用「道德」（virtue）這個詞來指稱公德心（public-spiritedness）。公德心是對於「群」的無私奉獻（無私奉獻對於「群」的自我保存是必要的），惟獨公德心可以使身體的強大與精神的強大發生效用。因此，所謂「適合的」東西就是適合於「群」的東西。這是最「合乎自然的」，因為，正如嚴復所言：「西人之言教化政法也，以有生之物各保其生為第一大法，保種次之。而至生與種較，則又當舍生以存種。」〔註 54〕如果自我保存是第一法則，那麼為

〔註 52〕《嚴復集》，第 16 頁。
〔註 53〕《嚴復集》，第 16 頁。
〔註 54〕《嚴復集》，第 18 頁。

什麼要「舍生以存種」呢？嚴復沒有回答這個問題，但這樣的自我犧牲是「自然法則」，它是適當的、合理的，它是個人不可推卸的責任。

嚴復深信中國的生存是既自然又神聖的事業，所以他無法想像這種可能性，即在追求這種事業的過程中，群體可能誤入歧途，而且促使富有道德感的個體去反對這種事業。正是因為這種看法，所以嚴復可以如此輕易地說，中國僅僅需要「以其民之力、智、德三者為準的。凡可以進是三者，皆所力行；凡可以退是三者，皆所宜廢。」〔註 55〕他沒有提及三者之間發生抵悟的可能性。他甚至沒有提及「力」與「德」之間的慣常衝突。至少，他沒有承認這可能是一種無法兩全的手段。

如果有人指責嚴復在宣揚這種觀點——即，為了目的可以不擇手段，為了生存需求可以為所欲為——那麼，嚴復可能會驚愕不已。嚴復還沒有發現或著手處理這種令人不快的可能性所帶來的哲學難題:雖然公理可能是強權，強權也可能是公理，但公理也可能不是強權，強權很可能是不公正的。〔註 56〕

二、歷史決定論

嚴復提到斯賓塞創造了一個解釋一切現實現象的體系，他說，斯賓塞「以天演自然言化，著書造論，貫天地人而一理之。」〔註 57〕嚴復在瞭解到斯賓塞以社會進化論為基礎的一元論的思想體系後，由衷地感到「苟善悟者深思而自得之，亦一樂也。」〔註 58〕

嚴復在《社會通詮》的譯者序中，說人類的演化經歷了一定的明確的階段，正像人的成長經歷了「童、少、壯、老」各階段一樣。〔註 59〕他說：「夷考進化之階段，莫不始於圖騰，繼以宗法，而成於國家。」〔註 60〕嚴復深信人類進化是普遍的、由低向高發展的。〔註 61〕他熱烈地接受了西方歷史的進化代表了人類進化的常規道路這一觀點，因為他熱誠地信奉這條道路可能通

〔註 55〕《嚴復集》，第 18～19 頁。

〔註 56〕以上參考【美】浦嘉珉：《中國與達爾文》，江蘇人民出版社 2008 年版，第 64～66 頁。

〔註 57〕《嚴復集》，第 1320 頁。

〔註 58〕《嚴復集》，第 1328 頁。

〔註 59〕見嚴復譯《社會通詮 · 譯者序》，北京時代華文書局 2014 年，第 25 頁。

〔註 60〕見嚴復譯《社會通詮 · 譯者序》，北京時代華文書局 2014 年，第 25 頁。

〔註 61〕Evolution 這個詞只是描述事物演化的過程，而沒有必然地由低到高發展的意思，即只有改變（change）的意思，而沒有革新（revolutionary）的意思。嚴復在此將演化發揮為演進。

向的目標。當然他也必然不可避免地要面對中國的失敗窘境：即中國沒有能夠通過設想中的普遍性發展模式的所有階段。按照嚴復的進步標準來衡量，中國衰弱了。他哀歎西方帝國主義對中國的影響，但是他認為西方帝國主義是生存競爭導致的正常結果，中國無能力參與這一競爭，是因為它自己作為一個有機體是衰敗和虛弱的。

「異哉！吾中國之社會也。」這是嚴復在《社會通詮》譯者序開篇第一句。他說：「天下之群，眾矣，夷考進化之階段，莫不始於圖騰，繼以宗法，而成於國家。……此其為序之言，在天之四時，若人身之童少壯老。」〔註 62〕然後，嚴復繼續指出，無論如何，進化的步伐是有很大的差別的。雖然西方在封建主義末期（這一時期被看成是從宗法向國家的轉變期）進化步伐相對慢一些，但在過去兩百年裏，它的進化步伐卻令人吃驚。另一方面，「還觀吾中國之歷史，本諸可信之載籍，由唐、虞以訖於周，中間二千餘年，皆封建之時代，而所謂宗法，亦於此時最備。其聖人，宗法社會之聖人也；其制度典籍，宗法社會之制度典籍也。物窮則必變。」事實上，變化的確發生了。隨著以秦始皇開創的統一的秦帝國興起，中國便開始了非常類似於從宗法向中央集權的、官僚政治的「國家」過渡。但是在走完了向國家過渡的路程後，中國民眾的風俗、習慣和思維方式依然停留在宗法階段。因此說「在彼則遲而終聚，在此則始聚而終遲。」〔註 63〕

三、決定論與決心論

嚴復認為支配世界的是「運會」。他認為：「夫世之變也，莫知其所由然，強而名之曰運會。運會既成，雖聖人無所為力。蓋聖人亦運會中之一物。既為其中之一物，謂能取運會而轉移之，無是理也。」〔註 64〕如果連聖人都不能轉移「運會」，那我們這些凡夫俗子還能做什麼呢？可是，如果我們無能為力，那它怎樣能夠成為使我們變得或強大或弱小的信念和行動呢？在這裡，我們可以看到決定論（determinism）和決心論（determinationism）的相互衝突使嚴復的情感和邏輯出現緊張，這種緊張在他之後對「聖人」的激烈抨擊中表露無遺。畢竟，他在《論世亟之變》的開篇就聲言聖人對命運無能為力。聖人僅僅在表面上左右了變化，嚴復開始講道：「彼聖人者，特知運會之所由

〔註 62〕見嚴復譯《社會通詮．譯者序》，北京時代華文書局 2014 年，第 25 頁。

〔註 63〕《嚴復集》，第 1320 頁。

〔註 64〕《嚴復集》，第 1 頁。

趨，而逆睹其流極，……故後天而奉天時……故先天而天不違；於是裁成輔相，而置天下於至安。後之人從而觀其成功，遂若聖人真能轉移運會也者，而不知聖人之初無有事也。」〔註 65〕

嚴復認為聖人的力量並非人類進步的動力。他質疑聖人，因為他覺得崇信聖人的危害已經造成而且繼續造成中國的苦難。他想一勞永逸地破除這種觀念——他想要證明進步來自於人民。

但嚴復既是決定論者又是個決心論者。他將決定論和決心論如此糅合在一起：他相信進步是循序漸進的，並且經過必要的階段——但他堅信每個階段都要求行動。因此，他可能會贊同孟子的觀點，即人們不應該拔苗助長，但他可能也會同樣熱烈地贊同這種觀點，當機會來臨時，我們絕不能「無為而治」。〔註 66〕

四、社會進化論不是科學

斯賓塞將生物學中的進化論引進到社會科學中來，認為是解釋一切社會現象的體系，這種觀點是不科學的。即使是達爾文也沒有把這一理論運用到人類社會。〔註 67〕進一步的分析更可以看清社會進化論存在的問題：首先在生物學中進化論是一個正確的科學理論，但不是事實。它只是描述自然選擇和基因突變的經驗事實，還不能回答此理論尚未解決的問題，比如生物體是否必然的由低級向高級發展？更不能預測以後的事實，比如不能預測兩千年後的人類將進化成什麼樣。所以生物進化論是描述性而不是決定性的規律。斯賓塞不僅照搬生物進化論，還將其作為社會發展的進化論，就更不可取了。首先，斯賓塞並沒有證明社會是進化的，他只是簡單照搬生物進化理論，將其直接適用於社會現象。如前所述，自然科學和社會科學的「公例」不能互通，所以斯賓塞的這種做法是不科學的。其次，他通過信仰生物進化論及生物體是由低向高這一過程發展的，才解決了人類社會發展是進化的這一決定論問題，但預設的信仰絕不是科學。

如果觀察人類社會的歷史發展過程，就會發現，社會並不是按照嚴復認為的圖騰—宗法—國家這一過程由低向高發展的。比如至今仍在非洲剛果河

〔註 65〕《嚴復集》，第 1 頁。
〔註 66〕參見【美】浦嘉珉：《中國與達爾文》，江蘇人民出版社 2008 年版，第 75 頁。
〔註 67〕歐內斯特．巴克：《英國政治思想——從赫伯特．斯賓塞到現代》，商務圖書館 1987 年版，第 91 頁。

畔的熱帶森林中生活的俾格米人，身高只有 1.3 米左右，他們生活在森林中，居住的屋棚只有一米多高，棚子的頂上蓋著樹葉，地上鋪著芭蕉葉。叢林中還有布須曼人，是個以狩獵和採集為生的民族，儘管他們身材矮小，但是，他們能用自己製作的弓箭，塗上森林中一種毒樹木的毒汁，用來殺死大象。他們過著遷移性生活，有著自己的語言。〔註 68〕很難講俾格米人或布須曼人的社會是演化的，或許社會進化論者會將他們的社會歸類於圖騰階段，但如果說他們的社會將進一步進化到宗法則是不一定的。中國古代至清末的社會發展也很難歸類為圖騰—宗法，更不同於嚴復所說的處在宗法向國家過渡的階段。甄克斯的《社會通詮》(《政治史》) 僅僅描述了古代希臘、羅馬、荷蘭、法國、英國等國家的社會發展歷程的歷史事實，而沒有就此斷言人類社會是由圖騰—宗法—國家這一過程由低向高發展的。總而言之，社會進化論既沒有反映經驗的事實，也不能通過觀察、檢驗經驗事實等科學方法得到證明，所以根本無從斷定它是社會發展的普遍規律。

五、社會進化論是一種邏輯體系

社會進化論是自成一體的邏輯體系，它不是科學。它只能在它特定的邏輯推導體系裏存在，從某種程度上來講，嚴譯《社會通詮》只是細緻地描述了西歐社會發展的歷史，而不是社會進化。但無論是邏輯還是歷史都不是科學，因此不存在任何歷史決定論，即不能通過社會進化的邏輯去預測人類社會的發展。這亦解決了歷史決定論與個人決心論之間的邏輯矛盾。但可悲的是，嚴復同斯賓塞一樣，錯誤地將社會進化論等同於科學，當斯賓塞將社會進化論應用於國家和個人時，就產生了社會有機體論。

第四節　社會有機體論——假定邏輯結構

一、嚴復的社會有機體論

斯賓塞的社會有機體論集中反映在他的《社會學原理》第 1 卷中，他將社會與生物有機體進行類比，〔註 69〕當然他並沒有論證清楚社會學的公例如何能

〔註 68〕詳見張新國：《世界古文明》，北方婦女兒童出版社 2011 年版。
〔註 69〕參見華青：《中國大百科全書：社會學》，中國大百科全書出版社 1991 年版，第 346 頁。

與生物學的公例等同，也沒有說明白將這兩種如此截然不同的生物學現象和意識性社會科學作類比的共同前提是什麼。斯賓塞將生物學有機體結構附會到社會中，把個體的人當成細胞，細胞們就從結構和功能上組成了有機體的社會。這個過程分為兩個方面：結構上，一個事物各個部分的發展趨勢是從分散到凝聚；功能上，事物的各個部分是從同一的（每個部分都有類似的功能，可以被另一個替代）到不同（分工的各個部分，不能相互替代）的發展過程。嚴復將這個過程概括為:「天演者，翕以聚質，闢以散力。方其用事也，物由純而之雜，由流而之凝，由渾而之畫，質力雜糅，相濟為變者也。」〔註 70〕嚴復在社會有機體這一演變的終極目標中找到了兩條原則：首先，正是因為一個有機體的結構是內聚的而不是分散的，個體被嵌入在社會生物體中，不能獨立存在：

> 一群之成，其體用功能，無異生物之一體。大小雖異，官治相準，知吾身之所生，則知群之所以立矣；知壽命之所以彌永，則知國脈之所以靈長矣。一身之內，形神相資；一群之中，力德相備。身貴自由，國貴自主。生之與群，相似如此。此其故無他，二者皆有官之品而已矣。〔註 71〕

> 一國猶之一身也，脈絡貫通，官體相救，故擊其頭則四肢皆應，刺其腹則舉體知亡。〔註 72〕

其次，有機體各部分的功能是不一致的，成熟的社會應該有綱常禮教來維繫這些各個部分的不同功能。〔註 73〕

> 斯賓塞以群為有機團體，與人身之為有機團體正同。人身以細胞為麼匿（unit），人群以個人為麼匿。最初之群，麼匿必少。言其起點，非家而何？家之事肇於男女，故《易傳》曰:「有男女然後有夫婦，有夫婦然後有父子，有父子然後有君臣，有君臣然後有上下，有上下然後禮義有所錯。」此吾國之舊說也。〔註 74〕

由此，嚴復將斯賓塞的社會有機體論同儒家文化相結合，產生了以集體為本位，並以儒家禮義為每個個人的同質性聯繫紐帶的社會有機體：

〔註 70〕《嚴復集》，第 1412 頁。

〔註 71〕《嚴復集》，第 17 頁。

〔註 72〕《嚴復集》，第 19 頁。

〔註 73〕參見傅正：《斯賓塞「社會有機體」論與清季國家主義——以章太炎、嚴復為中心》，《近代史研究》2017 年 2 月，第 34～51 頁。

〔註 74〕《嚴復集》，第 310 頁。

> 今試言國家，則其為官品之列，不必待深辨而可知。蓋國家為物，非聚一群人民，如散沙聚米，便足當此名也。將必有分官設職，部勒經緯，使一群之中之支部有相資相待之用，而後成為國家。肢體不具，不可以為成人；法制不張，不可以為完國。所可導者，此理在西國，自天演學興，而後其義大著。而吾國則自唐虞上世以來，若已人人共喻。試讀明良喜起之歌，曰「元首」，曰「股肱」。更讀《靈樞》、《素問》，則人身內部，自皇帝以來，即名藏府。藏府，政界中物也。而吾身所有，乃與同稱。他若喉舌心膂之喻，體國經野之談，蓋吾古人之知，視國家為有機體，為官品久矣。是故天演最深之群，其中部分殊別，而亦各有專司。秩序分明是為禮，和同合作是為樂。〔註75〕

二、社會有機體論是一種邏輯結構

斯賓塞在引進生物進化論時並沒有通過科學的方法論證出該理論在人類社會中亦是適用的，就直接將其附會應用到人類社會中。筆者在本章第二節已經詳細闡述了社會進化論不是科學而是一種邏輯，那麼同樣，斯賓塞有關社會有機體的理論亦只是一種假想的邏輯分析結構，而不是真實的社會結構。

分析人類社會同樣離不開科學的方法，比如博弈論、經濟學中的實證分析法、邊際分析法、均衡分析法、靜態分析法、比較靜態分析法、動態分析法、長期與短期分析法、個量與總量分析法等。這些分析方法也只能適用於具體研究的社會事件和現象，亦不能將其應用於整個人類社會。

除了這些定量的研究外，馬克思·韋伯提出，人是懸在由他自己所編織的意義之網中的動物，在人類學或至少社會人類學的領域，克利福德·格爾茨提出，可以界說人類學或至少社會人類學的實踐者們所隸屬的理性努力的種類，就是詳盡的深描，他們所追求的析解，即分析解釋表面上神秘莫測的社會表達。〔註76〕「這種深描不是建構具有形式秩序的，無懈可擊的描述。」〔註77〕

〔註75〕《嚴復集》，第1256頁。

〔註76〕參見【美國】克利福德·格爾茨：《文化的解釋》，譯林出版社2014年版，第5～6頁。

〔註77〕參見【美國】克利福德·格爾茨：《文化的解釋》，譯林出版社2014年版，第22頁。格爾茨進一步解釋說，通過社會性的行為，文化的形式才得以連貫為一體。……無論符號體系（包括語言文字、思想等——引者注）「按它自己的說法」是什麼，或者在什麼地方，我們都可以「按它自己的說法」是什麼。……

但是社會有機體論卻是刻意建構起的無懈可擊的系統，通過抽象的實體安排為統一的模式，而對它們做出經驗的理解都是違背了「按它自己的說法」這一實踐的出發點。社會有機體論對人類社會是建構性的，而不是解釋性的，它將對人類社會的分析變成了一種尋求規律的實驗科學，但這樣的努力是沒有用的，因為對這種「無懈可擊的描述」沒有人會完全相信它的實際存在。它只是一種假想的邏輯結構罷了。

然而對於社會進化論和社會有機論實為假想邏輯這一本質，嚴復幾乎毫無察覺，他正全神貫注於讓作為個體的細胞充分自由地發揮才能，這樣作為整體的社會有機體——中國，才可以強大起來。正是基於這樣的認識，才引出了嚴復對自由價值的信仰。

進而，這樣說意味著，融貫性不能作為確定文化描述的有效性的主要依據。參見【美國】克利福德·格爾茨：《文化的解釋》，譯林出版社 2014 年版，第 22～23 頁。

第三章　自由觀

第一節　自由為本——誤讀人權

一、自由是手段

嚴復發現西方的文明優越性絕不僅僅在於繁榮的經濟、議院政治，這些只是西方已經進化到比中國社會更高階段的結果罷了。他認為中國的根本問題是，迄今為止都不能適應生存競爭。嚴復簡單的將一國全體個人利益的總和等同於國家，所以對於嚴復來講，「國」的實力，則首先是指民族—國家的實力。這個民族—國家作為一個集合體，處在諸多的同類集合體的世界之中，並在為生存而進行競爭。嚴復在翻譯著作《原富》時，發現國家的進化只有通過西方的自由資本主義來解放個人的活力和能力才能達到，這和斯賓塞對社會是個有機體這一生物學想像的崇拜不謀而合，嚴復顯然對這一信念深信不疑，所以我們要討論嚴復對自由的看法，必須根植於這樣的思想體系背景。

斯賓塞認為幸福只賦予那些「自身各項功能得以充分發揮的人，……痛苦是與損害機體的行為相聯的，而歡樂是與最終獲得幸福的行為相聯的。」〔註 1〕這當然「必須以不考慮特殊的眼前的歡樂與痛苦，而考慮長遠的普遍的歡樂與痛苦」〔註 2〕為前提的幸福總是與「才能」的充分發揮相伴隨。嚴

〔註 1〕《倫理學的資料》，見《斯賓塞選集》，紐約，1886 年版，第 499 頁。轉引自【美】本傑明．史華茲：《尋求富強——嚴復與西方》，江蘇人民出版社 2010 年版，第 39 頁注釋 27。

〔註 2〕《倫理學的資料》，見《斯賓塞選集》，紐約，1886 年版，第 499 頁。轉引自【美】本傑明．史華茲：《尋求富強——嚴復與西方》，江蘇人民出版社 2010 年版，第 39 頁注釋 28。

復認為，斯賓塞鼓吹的「個人主義」完全不同於當時中國社會裏為他熟知並使他感到痛苦的「個人主義」，中國的「個人主義」是一種消極的享樂主義。斯賓塞的「個人主義」將使活動著的個人發揮建設性的能力，讓這些個體「相磨礱……始於相忌，終於相成。」〔註 3〕

可見，嚴復的自由意味著無拘無束地行使一切人的能力，這就意味著為解放和促進人的全面發展，創造了一種建設性的能力。在西方的民主自由環境中，人的體、智、德的潛在能力將得到充分的展現。中國還遠遠沒有達到民主政治的地步，這是由中國桎梏人自由的文化決定的。中國曾迅速獲得統一，並且長期未受到外界強國的挑戰，正是如此，中國的競爭力衰退了。中國先賢的教義側重於保護、凍結宗法社會而不是改變它。所以中國文化更強調集體而忽視個人，犧牲個人自由以保護集體的恒定，因為沒有個人自由，所以個體得不到發展，與此相應的是作為個體集合的群——種就得不到發展，從而長期停滯，進化亦無從談起。嚴復這樣總結到：中西「自由既異，於是群異叢然以生。粗舉一二言之。則如中國最重三綱，而西人首明平等；中國親親，而西人尚賢；中國以孝治天下，而西人以公治天下；中國尊主，而西人隆民。」〔註 4〕

自由是關鍵之項，平等的自由可以解放每個人的活力。平等原則只包括承認所有人平等的自由。所以嚴復認為：「非西洋言理財講群學之所不知也。……蓋欲救當前之弊，其事存於人心風俗之間。夫欲貴賤貧富之均平，必其民皆賢而少不肖。皆智而無甚愚而後可。否則，雖今日取一國之財產均悉之，而明日之不齊又見焉。何則？樂於惰者，不能使之為勤，樂於奢者，不能使之為儉也。」〔註 5〕不過在西方，增進人民的智力、道德和體力的條件顯而易見已經創立了，那些最終生存下來的人將享受自由與平等。但是這種平等不是通過節儉到達的，如中國理想的「太平」所期望的那樣。

嚴復在《闢韓》一文中，批判韓愈的聖人興而文化起的中國文化起源說。韓愈認為：「古之時，人之害多矣。有聖人者立，然後教之以相生相養之道，為之君，為之師。驅其蟲蛇禽獸，而處之中土。寒，然後為之衣；饑，然後為之食；木處而顛，土處而病也，然後為之宮室。為之工以贍其器用，為之賈以通其有無，為之醫藥以濟其夭死，為之葬埋祭祀以長其恩愛，為之禮以

〔註 3〕《嚴復集》，第 23 頁。
〔註 4〕《嚴復集》，第 3 頁。
〔註 5〕《嚴復集》，第 23 頁。

次其先後……」〔註 6〕總之，要是沒有聖人，人種早就絕滅了。為什麼？因為人們「無羽毛、鱗介以居寒熱也，無爪牙以爭食也。」〔註 7〕嚴復認為這種說法不僅將聖人的形象抬高到了超人的地步，更糟糕的是它將眾人描述成一個個完全呆滯的無頭腦的肉體，在人類活動的任何領域裏毫無主動能力。很明顯，韓愈認為，「愚民」是不可能創造文化的。統治階級從高高的城樓上俯視在田間勞作的呆板的農民，發現要使他們具有創造能力太困難了。嚴復在抨擊韓愈這一點明顯謬誤後問道：「且使民與禽獸雜居，寒至而不知衣，饑至而不知食，凡所謂宮室、器用、醫藥、葬埋之事，舉皆待教而後知為之，則人之類其滅久矣。彼聖人者，又烏得此民者出令而君之？」〔註 8〕

嚴復認為，事實上，政府的出現本身就是文化和經濟長期發展的結果。政府的建立是為了執行一種特殊的強制性功能，即鎮壓社會內部的暴亂和抵禦外來敵人以保衛社會。民「出什一之賦，而置之君，使之作為刑政、甲兵」〔註 9〕這種說法，清楚地反映了斯賓塞的政府作為社會治安武器的概念，也把統治者從文化創造者的地位降低到社會警察的地位。

嚴復認為，統治階級從來沒有做過培育人們創造力的事情，這些能力確實是萎縮了，並且就當時而言，人民的能力是潛在的而不是實在的。目前，民眾確實「弗能自治。」〔註 10〕他們的「才未逮，力未長，德未和也。」〔註 11〕根據社會進化論，嚴復認為社會作為一個群體的質量，來自於它的各個單位的質量，那麼中國衰弱的原因就十分清楚了。他期待中國有一個新的聖主出現，聖主說：「吾今將早夜以孳孳求所以進吾民之才、德、力者，去其所以困吾民之才、德、力者，使其無相欺、相奪而相害也，吾將悉聽其自由。民之自由，天之所畀也，吾又烏得而靳之！如是，幸而民至於能自治也，吾將悉復而與之矣。惟一國之日進富強，余一人與吾之子孫，尚亦有利焉，吾曷貴私天下哉，」嚴復認為聖主「誠如是，三十年而民不大和，治不大進，六十年而中國有不克與歐洲各國方富而比強者，正吾莠言亂政之罪可也。」〔註 12〕自由就是對個體「才能」的解放，基於個人才能的充分發揮，作為社

〔註 6〕《嚴復集》，第 32～33 頁。
〔註 7〕《嚴復集》，第 33 頁。
〔註 8〕《嚴復集》，第 33 頁。
〔註 9〕《嚴復集》，第 33 頁。
〔註 10〕《嚴復集》，第 35 頁。
〔註 11〕《嚴復集》，第 35 頁。
〔註 12〕《嚴復集》，第 35 頁。

會有機體的國家才能發展、進化。〔註 13〕

二、自由觀的侷限性——自由是目的

密爾認為人對精神的追求是無止境的，正是這種不停的追求，才不僅實現了個人的幸福，也推動了社會的進步。因此，滿足人的幸福與快樂，特別是人的精神上的幸福和快樂將是一個社會最為重要的任務，也是自由的重要內容。〔註 14〕嚴復將自由理解為對人的才能的解放，其著眼點在於自由的功利價值，而忽視了個人自由的終極價值。即個人是目的，只有滿足了人的幸福與快樂，才能實現自由，從而推動社會的進步。自由對人的才能的解放，只是實現自由後自然而然的功利性結果，而不是自由的核心價值。自由的核心價值是每個人在政治權利、社會地位、乃至人格上都應當是平等的；如果不能讓個人獲得獨立與個性的發展，自由就無從談起。所以自由關注的價值是怎樣才能使人自由地生活，獲得更多的自由空間，發展起更獨特的個性。

黃克武反對上述嚴復僅僅將個人自由作為手段的說法，他認為：個人生命財產及其他各種自由權利對嚴復而言是具有終極價值的。〔註 15〕但是這種個人自由的終極價值卻是儒家的恕與絜矩之道：〔註 16〕

> 中國理道與西法自由最相似者，曰恕、曰絜矩。……中國恕與絜矩，專以待人及物而言；而西人自由，則於及物之中，而實寓所以存我也。〔註 17〕

> 但自入群而後，我自繇者人亦自繇，使無限制約束，便入強權世界，而相衝突。故曰人得自繇，而必以他人之自繇為界，此則《大學》絜矩之道，君子所恃以平天下者矣。〔註 18〕

儒家的恕與絜矩之道終究還是以經世致用的實用主義為目的。黃克武指出其

〔註 13〕以上參考本傑明·史華茲：《尋求富強——嚴復與西方》，江蘇人民出版社 2010 年版，第 29～45 頁。

〔註 14〕參見李宏圖：《密爾〈論自由〉精讀》，復旦大學出版社 2009 年版，第 20 頁。

〔註 15〕參見參見黃克武：《自由的所以然——嚴復對約翰彌爾自由思想的認識與批判》，上海書店出版社 2000 年版，第 206 頁。

〔註 16〕參見參見黃克武：《自由的所以然——嚴復對約翰彌爾自由思想的認識與批判》，上海書店出版社 2000 年版，第 213 頁。

〔註 17〕《嚴復集》，第 3 頁。

〔註 18〕參見約翰·斯圖亞特·穆勒著，嚴復譯《群己權界論·譯凡例》，北京時代華文書局，2014 年版。

與西方自由主義的區別：嚴復強調自我可以追求一種與道義配合的個人利益，這樣的想法與西方自由者所追求的所謂「合理的自我利益」極為相似。但是兩者之間還是有區別的，嚴復的個人自營是建立在群己平衡的基礎上，一旦群己衝突起來，他會毫不猶豫地否定這種個人自營。而西方自由者所追求的合理的自我利益是以自我與群體之間利益有衝突為前提的。〔註 19〕黃克武的分析範式雖然不同，但是他的邏輯框架仍舊脫離不了手段論：即嚴復假設自我與群體之間沒有利益衝突，個人充分的自營可以促進群體的發展。結合斯賓塞的進化論，筆者認為嚴復肯定自我和群體努力的方向均是促使中國進化，進化即是公與義。個人自由得到肯定，亦是個人自由可以促進社會進化這一實用主義價值，而不是關注個人利益的實現。即使從黃克武的分析範式來看，個人自由都只是社會進化的手段而已。黃克武亦承認嚴復並不強調將個人自由作無限制的擴張，反而提出克己、恕道、己群平衡。〔註 20〕

至此，我們發現嚴復的所有觀點都與斯賓塞的社會進化論相關聯。嚴復對真理的看法，是斯賓塞的觀點和嚴復自己對斯賓塞所在的英國的親身觀察相結合的產物。他是根據英國看斯賓塞的；又是根據斯賓塞觀察英國的。斯賓塞和英國通過嚴復對生存競爭的進化論及對《原富》的自由資本主義被反映出來時，不知怎的竟混合成和諧的整體了。嚴復借助《莊子》將這幅混合的和諧整體闡發了出來：

> 此篇（指《莊子·應帝王》——筆者注）言治國宜聽民之自由、自化……郭注云，夫無心而任忽自化者，應為帝王也。此解與挽近歐西言自由者所主張合。凡國無論其為君主，為民主，其主治行政者，應一聽其自為自由，而後國民得各盡其天職，各自奮於義務，而民生始有進化之可期。〔註 21〕

嚴復結合《原富》的自由資本主義，將道家的自由闡發成了「無為而治」的自由經濟政策。在此基礎上，嚴復進一步指出資本主義自由制度將個人的能力解放出來了，這樣的人才是適者生存，由這些個人組成的社會有機體的國

〔註 19〕參見黃克武：《自由的所以然——嚴復對約翰彌爾自由思想的認識與批判》，上海書店出版社 2000 年版，第 208 頁。

〔註 20〕參見黃克武：《自由的所以然——嚴復對約翰彌爾自由思想的認識與批判》，上海書店出版社 2000 年版，第 277～278 頁。

〔註 21〕《嚴復集》，第 1118 頁。

家將會達到海晏河清：

> 今日之治，莫貴乎崇尚自由。自由則物各得其所自致，而天擇之用最存其宜，太平之盛可不期自至。〔註22〕

總結嚴復法律思想體系中自由主義的突出特點，人們也許會說，嚴復從解放個人「才能」的觀點中找到了人類自由的概念。民眾的德、智、體能力可以在一個由自由制度及無拘束的經濟領域內的生存競爭所構成的環境中茁壯成長。因此，自由可以承諾一種尚未出現的集體才能。自由可以為中國效勞，就像它曾經為西方人效勞那樣：「捐忌諱，去煩苛，決壅蔽，人人得其意，申其言，上下之勢不相懸隔，君不甚尊，民不甚賤，而聯若一體者。」〔註23〕更具體地說，正是英國信奉自由，才使英國成了世界強國。

嚴復的信念，至少在《原強》裏表述出來的信念是相當簡單的：只要能夠使每個個體相信「群」確實是他自己的「群」，那麼他就會「自然而然地」將群體的利益視為自己的利益。這裡，每個個體看不到任何抵悟。嚴復沒有發現總體利益與個體利益之間的衝突——更確切地說，如果個體僅僅是社會有機體內的一個細胞，那希望是什麼呢？這種觀點極其簡單——而且被過分簡單化，有一種將一切都唯物主義的傾向。嚴復對「個人主義」的理解被自己的「群主義」弄得雲裏霧裏，致使人們不能理解「個人主義」(individualism)這個詞所承載的西方自由主義傳統。西方的自由是以個人主義為旨趣的，與之相應的權利是人權。嚴復誤讀了自由，不承認「個人主義」的權利，所以他亦誤讀了人權。

第二節　民權——與君權構成二元權力

一、國群自由和小己自由

假如人類社會實際上是完全取決於達爾文機械論的個人行為的行動場所，那麼，尊重他人自由的概念完全是無根據的，因為每個人的個人自由只是簡單的構成群體自由的細胞而已。嚴復在翻譯《群己權界論》(即《論自由》)時，並沒有看清密爾實際上論證的是個人自由。如黃克武指出的：嚴復在密

〔註22〕《嚴復集》，第1082頁。
〔註23〕《嚴復集》，第22頁。

爾、斯賓塞等人的思想中糅合了群己平衡〔註 24〕的概念，從而沒有充分認識到自由是合法的權利。〔註 25〕

嚴復把群己平衡的觀念投射到密爾的個人自由思想之上時，就建構〔註 26〕出「國群自由」和「小己自由」的新理論了：「觀吾國今處之形，則小己自由尚非所急，而所以袪異族之侵橫，求有立於天地之間，斯莫刻不容緩之事。故所急者，乃國群自由，非小己自由也。」〔註 27〕嚴復甚至認為個人自由是「國群自由」的障礙，「今之所急者，非自由也，而在人人減損自由，而以利國善群為職志。」〔註 28〕而當面臨外患時，個人自由更是奢望了：「外患深者，其內治密，其外患淺者，其內治疏。疏則其民自由，密者反是。」〔註 29〕這裡，嚴復說的「內治」類似於主權，這裡的論述，更像是在論述主權和人權的關係。

二、民權的含義

嚴復啟用了一個經戊戌變法時期發揚，已經成為中國知識界熟悉的概念——「民權」，來闡釋國群自由。在 19 世紀末 20 世紀初，「民權」被解釋為「主權在民」，是一種類似參政權的政治權力。這一解釋逐漸成為「民權」的含義內核，並終於定型下來。這樣，「興民權」就成了爭取人民的參政權，也就是要適當的分掉一部分主權（表現為君權）。

依嚴復的意思，「天下未有民權不重，而國君能常存者也。」〔註 30〕嚴復進一步舉出歐洲的例子：「居上之權大重，民氣必鬱而不舒，污吏暴君，有所

〔註 24〕所謂群己平衡的觀點余英時亦曾提及，他認為宋代四書取代五經之後，國人的個人觀有一新的變化，一方面理學工夫方面的重點在於「為己」、「修己」，對個人提出更高的要求，另一方面修己是與治人連在一起的，個人必須與社會國家產生聯繫。五四運動之後如熊十力、梁漱溟等人即是繼承此一傳統。參見余英時：《中國近代個人觀的轉變》，載余英時：《中國文化與現代變遷》臺北三民書局 1992 年版，第 167～188 頁。轉引自黃克武：《自由的所以然——嚴復對約翰彌爾自由思想的認識與批判》，上海書店出版社 2000 年版，第 47 頁，注釋 5。

〔註 25〕參見黃克武：《自由的所以然——嚴復對約翰彌爾自由思想的認識與批判》，上海書店出版社 2000 年版，第 43 頁。

〔註 26〕黃克武認為嚴復在「譯介彌爾自由思想時，也在有意無意之間從事評估與建構新理論的工作。」參見黃克武：《自由的所以然——嚴復對約翰彌爾自由思想的認識與批判》，上海書店出版社 2000 年版，第 44 頁。

〔註 27〕《嚴復集》，第 981 頁。

〔註 28〕《嚴復集》，第 337 頁。

〔註 29〕《嚴復集》，第 1292 頁。

〔註 30〕《嚴復集》，第 90 頁。

恃而不可制。且治急之群，其民不奮，則上下之智力，必由此而日窳；邑野之財力，必由此而日微，即其始所恃之兵威，亦必將徒形具而已。當是時也，內有桀民，外有強虜，其國之傾，又無日矣。今世歐洲患此者，以俄羅斯為最，德意志、奧地利次之，而英法則受其弊而已過者。德奧之民權，猶稍與君權相抵制，至於俄則專制之治，遏之無由，故其國不足望長治也。」〔註 31〕而「乃今之世既大通矣，處大通並立之世，吾未見其民之不自由者，其國可以自由也；其民之無權者，其國之可以有權也。」〔註 32〕所以「故民權者，不可毀也。必欲毀之，其權將橫用而為禍愈烈者也。毀民權者，天下之至愚也，不知量而最足閔歎者也。」〔註 33〕

從嚴復這些言論可以看出，他的「民權」概念是一個與主權相聯繫的概念，是一種政治權力，而不是法律上的「權利」。所謂的權力就是單方面處置和懲罰他人的能力。而作為一項權利，是有個人義務附隨的。〔註 34〕

> 雖有至仁之國，必不能為所勝亡國而民立仁制也。夫制之所以仁者，必其民自為之，使其民而不自為，徒坐待他人之仁我，不必蘄之而不可得也。就令得之，顧其君則誠仁矣，而制則猶未仁矣。使暴者得而用之，向之所以為吾慈母者，乃今為之豺狼可也。嗚呼！國之所以常處於安，民之所以常免於暴者，亦恃制而已，非恃其人之仁也。恃其欲為不仁而不可得也，權在我者也。使彼而能吾仁，即亦可以吾不仁，權自彼者也。在我者，自由之民也；在彼者，所勝之民也。必在我，無在彼，此之謂民權。〔註 35〕

人民想要與君權抗衡，就是用「民權」。民權是一種「恃制」，故嚴復所謂之「民權」是「政權」或「參政權」，是一種權力。

再深入地細究，嚴復的「民權」除了指權力外，似乎也指向一種權利。嚴復講到:「惟彼族不然，其所求者，大抵皆一地一業之利便，而可以世守者。故民權之成，亦以漸耳。上有所諾於民而不可食，有所約於民而不可負。食且負，民得據所守而責之，此民權之所以成也。」〔註 36〕嚴復這段講民權的話，有些類似財產權（所有權和知識產權）。財產權觀念肇始於人人都有因為

〔註 31〕《嚴復集》，第 898 頁。
〔註 32〕《嚴復集》，第 917 頁。
〔註 33〕《嚴復集》，第 918 頁。
〔註 34〕參見俞江：《近代中國的法律與學術》，北京大學出版社 2008 年版，第 54 頁。
〔註 35〕《嚴復集》，第 972 頁。
〔註 36〕《嚴復集》，第 118～119 頁。

勞動而得到相應財產（包括所有權和知識產權）且自由支配，不受他人侵犯的權利這一理念。因此財產權是人權的基礎和核心。但是，嚴復的這段話尚有不足。財產權首先是一種基本權利。這種權利在某種意義上是一種終極道德目標，是一種人人都享有的建立在個人自由基礎上的權利——人權。但是嚴復的理解僅限於：「食且負，民得據所守而責之，此民權之所以成也。」也就是民可以依據自己的財產和官方相對抗，但是能夠與權力相對抗的是法律上的財產權。嚴復還沒有說清楚民權和財產權利的關係。因此總的來說，在嚴復那兒，民權還是一種政治「權力」。

嚴復說：「上有所諾於民而不可食，有所約於民而不可負。」「上」在當時的語境下是指「官」或「官方」，即包括皇帝及其下屬的各種國家機構。官與民有「諾」和「約」，這是一個基於社會進化理論和中國實際的契約。即如果上（官）有諾，就不能食言，否則民是可以負約的。〔註 37〕除此之外，官對民就沒有任何法律上的責任了。嚴復要人們安於這樣的現狀。他不去設想一個平等的社會，也不將其當成道德願景。他所指的就是現實——官掌握著絕大多數的資源，他不是想辦法去改變這種現實，而是認為這是基於歷史發展的「合理」現象，因此從沒有設想官民平等。

嚴復認為「官民」契約是進化的產物。他在《闢韓》一文中說，起初，統治者因為人民需要保護而受到「容忍」，但那只是權宜之計。官之所以必要乃是因為社會「化未進而民未盡善也。是故君也者，與天下之不善而同存，不與天下之善而對待也。」〔註 38〕在提出這個決定性的問題時，他作出了至關重要的限定：「然則及今而棄吾君臣可乎？曰：是大不可。何則？其時未至，其俗未成，其民不足以自治也。」〔註 39〕

民權所爭者，是尚未得到普遍認同的某種或某群體的權力，它是一個整體性的概念：「盧梭之為《民約》也，其主張公益，可謂至矣，顧其言有曰國家之安全非他，積眾庶小己之安全以為之耳，獨奈何有重視國家之安全，而輕小己之安全者乎，夫謂愛國之民寧毀家以紓難，不惜身膏草野，以求其國之安全此其說是也。」〔註 40〕國家安全是「積眾庶小己之安全」而為之的；

〔註 37〕參見俞江：《近代中國的法律與學術》，北京大學出版社 2008 年版，第 55 頁。

〔註 38〕《嚴復集》，第 34 頁。

〔註 39〕《嚴復集》，第 34～35 頁。

〔註 40〕《中國法律思想史》編寫組：《中國法律思想史資料選編》，法律出版社 1983 年版，第 860 頁。

再將國家安全、小己安全和前述嚴復在面臨外患時，如何處理主權和人權的關系聯繫起來，就可以看出，嚴復認為，只有主權（表現為君權）下的民權才是自由的範圍，而不是主權下的人權。密爾的《論自由》講的是人權，是「公民自由或社會自由，也就是討論社會所能合法施用於個人的權利的性質和限度。」〔註 41〕顯然，嚴復用民權概念偷換了人權。〔註 42〕西方的憲政是用人權對抗國家主權，而不是用小一級的主權對抗大一級的主權。再者說，如何合法地產生以個人為原子的民權這一集合體的代表？這個問題是無解的。因為無論通過什麼程序產生的民權代表都不可能代表每個公民，每個公民都有獨立的意志和價值判斷，都有完全的民事行為能力和責任能力。所以公民不需要被代表，公民只需要依靠獨立意志行使自己權利的自由。為了這種自由，就要用人權為主權劃定邊界，把權力關進制度的籠子裏。

三、官民契約——民權與君權構成二元權力

盧梭在《社會契約論》中第一次提到「天賦人權」。盧梭認為，在自然狀態下，人性善良。但由於種種不便，為了更好地維護自己的權利，人們在理性的指導下，決定從自然狀態轉向社會狀態。因此，在人民的共同認可下，

〔註 41〕參見【英】約翰・密爾著《論自由》，商務印書館 2007 年版，《重印「論自由」序言》第 3～4 頁。戚學民不認為嚴復誤讀了穆勒的自由，他指出，嚴復支持政府的立場是當時思想家普遍的觀點，並非他獨出心裁或者歪曲原意。嚴復學習的面十分廣泛，他不僅學習了熊彼得說的「盧梭—黑格爾—馬克思」的民主傳統，也介紹了「以穆勒為代表的自由民主傳統」。既然嚴復欣賞的不僅僅是穆勒這一傳統，僅僅從穆勒的傳統評價他的政治思想就不盡合理。參見戚學民：《嚴復〈政治講義〉研究》，人民出版社 2014 年版，第 47～48 頁。關於自由的類型和傳統，1958 年，柏林發表了《論自由的兩種概念》一文，產生了深遠的影響。柏林把自由分為消極自由和積極自由。積極自由是主動的行為；消極自由就是被動的「沒有強制和干涉」。消極自由體現為密爾為代表的自由民主傳統，積極自由體現為「盧梭—黑格爾—馬克思」的民主傳統。黃克武認為嚴復所強調的主要是柏林所說的積極自由的一面，……嚴復雖然沒有忽略柏林所說的消極自由，但是以追求義個人為中心等自由條目，沒有受到嚴復充分的注意。參見黃克武：《自由的所以然——嚴復對約翰彌爾自由思想的認識與批判》，上海書店出版社 2000 年版，第 221～222 頁。

〔註 42〕王人博亦有類似看法。他認為，法律意義上的自由是個體生存意義的體現，它與國家是相對立的，因而自由只能是個體性的，而不可能是國家性的，嚴復的『群己自由』很大程度上帶有『國家權力』的含義。參見王人博：《憲政文化與近代中國》，法律出版社 1997 年版，第 208 頁。楊陽則認為，民權就是人權。參見楊陽：《富強抑或自由——嚴復憲政思想研究》，中國人民公安大學出版社 2009 年版，第 135～136 頁。

簽訂了社會契約，部分人將自然原有的權利轉移給了一部分人去執行。〔註43〕在社會契約中，每個人都放棄自然的自由，獲得契約自由。在政治參與的過程中，只有平等放棄整個自然的自由，人人才能獲得平等的自由。這種契約是結合性的契約。所謂結合性契約，是指約定參與的每個人之間的契約，從而形成政治社會或公民社會。盧梭認為，人們從自然狀態轉變為社會形態，達成了第一個契約。在達成契約的時候，以前分散的個人通過共同的關係（興趣，自由等）來代替簽約的每一個人，形成了一個社區。在這個聯盟中，每個成員無一例外都是一個社區成員，他們將會形成社區的公眾意願，並成為最高的主權。對於結合性契約，盧梭這樣定義：「我們每個人都以其自身及其全部的力量共同置於公意的最高指導下，並且我們在共同體中接納每一個成員作為全體之不可分割的一部分。」〔註44〕可見，盧梭的社會契約強調的是法律上的程序正義。

嚴復受盧梭社會契約論啟發後改造的「官民」契約〔註45〕就有點四不像了。它不是每個個體之間的契約，而是由作為個體的細胞組成的人民這一集合體與「官」之間簽訂的契約。但是「官」又被排除在作為個體細胞的人民群體之外。根據本文第二章第三節描述的嚴復社會有機體學說，這個「官」就是區別於人民的異質性的存在了。而維繫「官民」這兩種異質性存在的紐帶除了三綱五常的禮就是官與民簽訂的契約了。那官與民什麼時候簽訂的契約？如前文所述，嚴復認為是社會進化直接作用的結果。這個官民契約還不是法律意義上的契約，因為法律上的契約主體是平等的，契約是保障主體的權利的，所以它並沒有體現程序正義。嚴復的「官民」契約更像是官民之間

〔註43〕詳見盧梭：《社會契約論》，商務印書館1982年版。

〔註44〕盧梭：《社會契約論》，商務印書館1982年版，第24～25頁。

〔註45〕有學者認為嚴復的這種思想是受到社會契約論的啟發，比如張晉藩認為近似民約論，他指出，它同封建專制主義的君權神授論及以君意立法的觀念是對立的，具有反專制的意義。參見張晉潘、楊堪、林中合著：《中國近代法律思想史略》，中國社會科學出版社1984年版，第123頁。馬作武先生亦有類似看法：根據資產階級的社會契約論，嚴復認為君主與人民是本於「通工易事」的原則而建立的一種契約關係。人民之所以要立一個君主，是因為考慮到「吾耕矣織矣工矣賈矣，又使吾自衛其性命財產焉，則廢吾事，何若使子獨專立於所以為衛者，而吾分其所得於耕織工賈者，以食子給子之為利廣而事治乎，此天下立君之本旨也。」君、臣、民只不過是社會分工的不同，各有自己的責任。參見馬作武：《中國法律思想史綱》，中山大學出版社1998年，第300頁。

為了維持社會進化後的「事實」而不得不對權力進行的一種分割：既然社會進化是決定論，不容改變，那麼民與官對權力的分割就是為了實現民權的決心論。這樣，官民契約裏的權力就不是社會契約論裏面的一元，它變成二元了。根據社會契約論，權力來源於人民；而根據「官民」契約，權力來源於君權和民權。嚴復要興民權，改變中國人奴隸的地位，但仍認為君權淩駕於民權之上，那麼最終皇帝才是國家的主人，在這一點上嚴復是矛盾的。在君權大於民權的基礎上，即使國家實行普選，也不可能選出真正代表民意的代表和代議機構，作為國民的個人是不可能獲得真正的政治自由的。

第四章　民主觀

第一節　民主為用——以二元權力為基礎

一、立憲即眾治

嚴復認為要實現民權，就要立憲，「蓋立憲之國，雖有朝進夕退之官吏，而亦有國存與存之主人，主人非他，民權是也。民權非他，即以為此全局之畫長久之計者也耳。嗚呼！知此則競爭之優劣，不待再計而可知焉。」〔註 1〕

什麼是立憲，嚴復認為：「近者吾國方議立憲，立憲非他，即是眾治。眾治則不得不用從眾代表一制。」〔註 2〕可見，在嚴復眼裏，立憲就是眾治，即「從眾代表一制」來反對「專制」。他說：「立憲者，即立此吾儕小人所一日可據與君上為爭之法典耳。其無此者，皆無所為立憲，君上仁暴，非所關於毫末也。」〔註 3〕嚴復堅決反對君權神授，權力來源於上的說法。「舊說謂專制之權，由上及下；眾治之權，由下及上。吾所發明，乃謂專制之權，亦係由下而成，使不由下，不能成立。然則舊之界說，不可復用明矣。雖然，專制眾治，固自有別，而其異果安在耶？……又近者吾國國家，方議立憲，立憲非他，即是眾治。眾治不得不用從眾代表一制，凡此皆相因而生，無由解免。故不佞繼此所欲為諸公發明者，乃中國此後國家，與前此數千載國家之

〔註 1〕《嚴復集》，第 1006 頁。
〔註 2〕《嚴復集》，第 1311 頁。
〔註 3〕《嚴復集》，第 1284 頁。

區別。不佞鄭重以言，諸公不可不鄭重以聽也。」〔註 4〕

值得注意的是，嚴復對於立憲的解釋。因為歷來學界對立憲政體的解釋都著眼於限制最高統治者如君主的權力，防止權力濫用上，是民主、進步精神的體現。而嚴復的說法特別關注了立憲與革命，立憲與皇室的關係，他不是說皇室的權力將在立憲後如何受限制，而是論證說立憲國無革命，作為國家代表的皇室不會被傾覆。「專制之革命，必誅殺萬人，流血萬里，大亂數十年十餘年而後定。英民革命，輕而易舉，不過在議院占數之從違。莊生有言，萬死方不休。真立憲制，政如是耳。此國家景命，所以靈長，而有萬世不傾之皇室也。」〔註 5〕並進一步申述為政治學的重要「原理」:「機關未具，則扶傾政府之權力，其用事也，常至於橫決。此一治一亂之局之所以成，而皇室無不終於傾覆之理。機關既具，前之權力，不但宣達有從，又可測視，得以及時，為之劑泄，而亂無由作。此立憲之國所以無革命，而代表之皇室所以不傾。」〔註 6〕很遺憾，嚴復關注的永遠都是基於社會進化的現實利益，很少從人的幸福這一終極目標去考量制度的價值。他將立憲等同於眾治，更多的強調集權，並不強調對統治者權力的限制。但是眾治並不等於立憲，因為立憲限制的是國家權力，保障的是人權，即個人自由，而不是所謂的民權。真正的法治社會是將政府與政治領袖都置於法律的規範之下，將這個原則作為政治體制的基礎。這些法律本質上受到具體的立法程序的管轄，以確保法律符合人民的集體意願，保障公民的人權等各項權利。〔註 7〕

二、眾治的民主

因為嚴復的民權是一種權力，而不是指人權，所以最終通過立憲、議院實現的是眾治的民主。又由於受社會進化論的影響，嚴復認可「官民」契約，所以他不主張限制君權，而是以「眾治」對抗皇帝的「專制」。如前所述，嚴復認為個人自由是在社會進化前提下對國家發展有利的「才能」的解放，個人是手段而不是目的，自然也不會考慮到如何在「眾治」下保護人權。他甚至在《政治講義》中將人權和「眾治」直接對立並論證為「公例」:「今所立

〔註 4〕《嚴復集》，第 1311～1312 頁。

〔註 5〕《嚴復集》，第 1314 頁。

〔註 6〕《嚴復集》，第 1315 頁。

〔註 7〕立憲的核心是三權分立、司法獨立和地方分權，它關注的是怎樣分權而不是集權。

公例係云：凡國成立，其外患深者，其內治（即君治和眾治——筆者注）密，其外患淺者，其內治疏。疏則其民自由（即人權——筆者注），密者反是。」但科學的公例是沒有例外的，可嚴復又說：「雖然此是大例，至於他因為用，而生變例，亦自有之。」〔註 8〕這裡可以看見嚴復的「公例」又有前後矛盾之處。在嚴復嚴酷的進化論世界裏，受到重視的是人民的生命而非人們的性命。

嚴復在孟德斯鳩《法意》的按語中，提到了他心中的民主平等：

> 中國古之井田固民主之政矣，而其實有諸侯君主者，蓋緣宗法社會而兼民主之制也，季氏之伐顓臾併兼之事也。故孔子曰：「有國有家者，不患寡而患不均，不患貧而患不安，蓋均無貧和無寡，安無傾，」凡此皆民主平等之法言，而孔子舉而誦之耳。〔註 9〕

嚴復將西方的民主附會於井田制，可見其思想受到了傳統社會的影響。在傳統中國，很早就發展了養民的概念，就像《禮記．禮運》所描寫的大同社會：「矜寡孤獨廢疾者，皆有所養」，統治者的治理客體就是老百姓。在君主專制的環境中，法律是君主意志的體現，是「私天下」之法，人民沒有絲毫權力對抗政府。這時，希望「由民做主」的良善期待，就帶有從君主那裡要來權力，由人民行使權力，實現儒家大同社會的意思。可見嚴復關心的仍舊是如何改善人的處境，而不是將人當作主體，所以人民還是以群體的面貌出現的。因此，在這種中國早期的民主呼聲裏，嚴復實際上已經喊出了人民民主（People's Democracy）的口號，嚴復這種呼聲在某種意義上使得以後那句同義反覆的話，如果不是相當嚴肅的，至少也是可以理解的。人們隸屬於人民。人民處於優先地位。人民是種族，種族是「群」，「群」是社會有機體，社會有機體是國家。個人幾乎是沉默無聲的。

很顯然，眾治並不能簡單的等同於民主。如果像嚴復那樣只強調人民民主這一集中權力，而忽視個人的權利，不賦予每一個公民一份同等的權利，平等地參與國家管理，結果就是每一個公民都沒有權利參與國家管理，這樣就可能形成人人平等、個個奴隸的局面。正如托克維爾在《論美國的民主》一書中指出的，政府集權的目的就是獲得無限的權力，所以它會強迫人民習慣於服從自己，讓人們不是在一個問題上而是在所有的問題上都無條件的服

〔註 8〕《嚴復集》，第 1292 頁。

〔註 9〕《中國法律思想史》編寫組：《中國法律思想史資料選編》，法律出版社 1983 年版，第 853 頁。

從，不是短暫的服從，而是永久的服從。為了達到這個目的，政府會把人民孤立起來，切斷他們跟社會的所有聯繫，讓他們成為社會的原子，這樣人民就組織不起來了。然後，強大的國家權力再將他們各個擊破，使他們成為順民。這樣強大的權力集中，雖然可以讓一個國家很有效率，比如打贏一場戰爭。但它卻不利於一個民族的持久繁榮，因為在它治下的人民全都萎靡不振，它在不斷的消磨人們的公民精神。除此之外，它對政權本身也是不利的，因為它會縮短政權的壽命。〔註 10〕

眾治還可能出現大多數人的暴政，法律必須保護少數個人或宗派的權利。嚴復並不肯定「結社自由」，這可以從他在 1913 年發表的《說黨》一文顯示出來，在此文中嚴復說「斯賓塞謂：政黨者不過擴大之私利。既為私利，則莫非大中至正之物可知；非大中至正之物，則不容於堯舜之世，解散禁絕，亦固其所。《易》曰：渙其群元吉。此之謂也。」對嚴復來說，政黨政治，無論是兩黨還是多黨，都有其弊病，尤其是「私於黨」超過「忠於國」的想法，對世道人心極為危險。「黨利居先，國計居後，作用日富而忠信日微，利口興奮，而樸誠之人將無容於政界」，難怪他在文中多次表示「黨非佳物也。」〔註 11〕

少數派的意願被壓制不僅會影響到他們的利益，還會因此失去社會秩序。托克維爾在《論美國的民主》一書中講到他研究民主的目的是除了瞭解民主本身，還要研究民主的意圖、特質、偏見和激情。在深刻地瞭解了民主所有的特點之後，才會對民主有一個正常的期待，同時也可以做好相應的防備。〔註 12〕關於激情，羅素在《論人性與政治》中指出，人們對於追求刺激是一種根深蒂固的需要，這種追求刺激的激情如果沒有控制好的話，就會有很大的破壞性，比如民眾暴亂，比如戰爭。所以必須把人們的激情控制在法律的範圍內。〔註 13〕

社會群體都只是立場（或許是偏見）加激情的狂熱分子。正如勒龐在《烏合之眾》中指出的：社會群體受無意識因素支配。因為當個體成為群體中的一員時，他就獲得了不可戰勝的力量，他不會顧及當他以個人的名義行為時

〔註 10〕參見托克維爾：《論美國的民主》商務印書館 2014 年版，第 107 頁。

〔註 11〕《嚴復集》，第 298～306 頁。「渙其群元吉」是指將有私利之群體解散是大吉之事。

〔註 12〕托克維爾：《論美國的民主》，商務印書館 2014 年版，第 17 頁。

〔註 13〕羅素：《論人性與政治》，網址：http://mp.weixin.qq.com/s/mU6AAOXCa1EBGJ5tkCGKcA，最後訪問日期 2017 年 9 月 28 日。

應承擔的後果。因為群體是無名無姓的，他難免認為群體無需承擔任何責任，這股力量促使他聽任本能的支配。群體容易受暗示的傳染，就像是一種催眠現象，使個人失去意識而對暗示者言聽計從，做出一些與本人性格、習慣完全相反的行為。通過情感與觀念的暗示及傳染作用，群體中所有的個體都朝向同一個方向轉變並立即將暗示轉換為行動，這就形成了一種烏合之眾的現象：當個體獨立存在時，他可能知書達禮，但成為群體後，他們卻變得野蠻無知，表現出原始人類的狂熱與無畏。他們易受某些話語和形象的影響，而作為個體存在時，這些話語和形象對他完全不起作用。群體更容易做出一些與作為個體存在時，與他切身利益和日常行為完全相悖的行動。群體可能比獨立個體更好也可能更糟，一切取決於群體所接受的暗示性質。群體常常罪行累累，但也會為了某種信念或思想的勝利不顧一切，甚至犧牲生命，滿懷激情地追求理想的實現。〔註 14〕

在某種立場上，會集聚若干基於該立場上的狂熱激情的群體，形成派系（faction）。社會中有很多這種派系，這些派系各自發展，程度各異。它們的觀點亦是方方面面的，有關於宗教的，有關於公共政策的。這些派系是如此的錯綜複雜，以致於它們之間是互相獨立，而不是互相合作的。在此基礎上，給予這些派系充分活動及言論的自由，就像給予空氣讓其充分燃燒一樣。如果一味壓抑，得不到釋放，則會因為激情造成各種破壞性的力量。就如同托克維爾論證的，一種被鬥爭的激情點燃的群體，當他們在反對敵對各方的意見和暴行時，往往會忘記他們原來所追求的目標，基於鬥爭的刺激，發表了與自己的真實情況不符的過激的言論，展現出過激的情緒和行為。〔註 15〕並進一步深刻地闡述說，在鬥爭中的民眾之所以變得很壞，是因為統治者對他們實行了非法的暴力，民眾認為這種暴力是對他們的壓迫和強權，他們不甘於這樣的壓迫和強權才會激起他們的憤怒起來抗爭。〔註 16〕正是基於對人類本性的認識，民主就是要讓各個不同派系的人都能自由地發出自己的聲音，讓他們擁有充分的言論、出版、集會、結社的自由，讓他們覺得自己沒有受到壓迫和強權統治，才能將民主的偏見和激情都控制在法律的範圍內。

〔註 14〕參見【法】古斯塔夫·勒龐：《大眾心理研究：烏合之眾》，新世界出版社 2015 年版，第 16～23 頁。
〔註 15〕托克維爾：《論美國的民主》，商務印書館 2014 年版，第 14 頁。
〔註 16〕托克維爾：《論美國的民主》，商務印書館 2014 年版，第 11 頁。

三、設立議院

嚴復認為要模仿西方「設議院於京師」，並讓各地人民自行推選地方上的官員，他認為這樣做可以教化人民，振興商務：

> 然則使各私中國奈何？曰：設議院於京師，而令天下郡縣各公舉其守宰。是道也，欲民之忠愛必由此，欲教化之興必由此，欲地利之盡必由此。欲道路之辟、商務之興必由此，欲民各束身自好而爭濯磨於善必由此。嗚呼！聖人復起，不易吾言矣！〔註17〕

嚴復一直都醉心於英治議院的分權：「英倫至今，猶名獨治，而有二議院分權，名已異實。」〔註18〕也就是說，英國的議院是民權的行使機關，可與君權抗衡，不是君主專制。嚴復大力撻伐沒有民權的專制：「自歷史事實言，……專制之朝，……其殘民以逞，固也；而於民事，轉無所干涉，聽其自生自滅於兩間；所責取者，賦稅徭役而外，無所關也。」〔註19〕而後「議院肇立，民權新用之秋，往往社會鉅細，皆務為之法，以督治之」，雖然「夫曰其權出於國會，固也」，「然國會非縱人人使自主也，乃取其身家事事而約束之。」「總之，有議院，非治權之縮小，乃治權之大張。」〔註20〕這樣，通過議院，民權與君權抗衡，又通過議院立法保障「社會鉅細」，那麼民權就得以大張。所以「今夫國有代表議院者，其效果無他，不過政府所行，必受察於國民之大眾耳。」〔註21〕如此一來，政府對議院就有法律責任，「一有議院，則議院之權，得以更置政府，故名有責政府也。」〔註22〕

從嚴復的上述論斷可以看出，民權、君權都是和立法權聯繫在一起的，但在嚴復官民契約框架中，議院通過的法律並不必然代表社會公意，還有可能是重君權藐民權的惡法。如果惡法都要遵循，那麼政府對議院就沒有法律責任了，這又回到了專制政府的邏輯起點了。

四、三權分立

嚴復在《憲法大義》中「言憲法制度之大體」，「其大較，則一須知國中

〔註17〕《嚴復集》，第31～32頁。
〔註18〕《嚴復集》，第1258頁。
〔註19〕《嚴復集》，第1285頁。
〔註20〕《嚴復集》，第1285頁。
〔註21〕《嚴復集》，第1287頁。
〔註22〕《嚴復集》，第1287頁。

三權之異。三權者，……立法權、行政權、司法權也。」〔註 23〕三權是如何分立的呢？他以英國為例：

立法權，以法典言，凡遇有所議立，貴族平民兩院，分執議權，議定而國王可否之者也。故論者謂英立法權鼎足而立，缺一不可。雖然，至於今日，則英立法之權，因緣事變，已為下議院所獨操。凡事之經下院議定者，上院雖有此權，未嘗議駁，猶國主之權，雖可准駁，而亦悉可無否，此已習為故常，殆難變易；易之，將有革命之憂。故立法權自英制言，實總於下議院，其國民權之重，可想見矣。

自國主下至於百執事，皆行法權也。英制宰相獨重，大抵國民舉議員，而議員舉宰相，由宰相而用內外百執事，是為政府。是非有議院大眾所崇拜推服之黨魁，其人不得為宰相也。雖然，院中之員七百餘人，不盡由於一黨。常有反對之員，與為對待，即以稽查現行政府之舉措。宰相有一建白，而為議眾多數所不贊成者，則有兩種辦法：一是奉身而退，讓反對者更舉彼黨之魁，立新政府，此常用之法也。蓋宰相欲行第二法，須深知通國意向，與院中議眾之旨已有不合而後可；不然，則新集之眾，依然與之反對，只自辱耳，無所益也。

至於司法之權，立憲所與舊制異者，立憲之法司，謂之無上法庭。裁斷曲直，從不受行法權之牽掣，一也。罪有公私之分，公罪如擾害治安，殺人放火，此歸孤理密律，國家不待人告發，可以徑問；私罪如負債、占產、財產交涉，此歸司域爾律，原告與訟，理官為之持平裁判，二也。訟者兩曹可以各雇知律者為之辯護，而斷獄之廷又有助理陪審之人，以可否法官之所裁判者，而後定讞。故西國之獄，絕少冤濫，而法官無得賄鬻獄枉法之事。訊鞫之時，又無用於刑訊。此立憲司法之制，所以為不可及，而吾國所不可學者，此其最矣。

立憲治體，所謂三權之異，俱如此。〔註 24〕

〔註 23〕劉琅主編：《精讀嚴復》，鷺江出版社 2007 年版，第 305 頁。
〔註 24〕劉琅主編：《精讀嚴復》，鷺江出版社 2007 年版，第 305～306 頁。

嚴復在論述英國的三權分立時，似乎看清楚了英國是虛君的君主立憲，但當他面對中國的實際情況時，就將三權分立建立在君權和民權的二元權力之上了：

> 君國自三古以來，所用者為有法之專制，縣官以一體而兼三權，故法制有分部、分官而無分柄。設庶職資選舉，以招天下之人才，即以此為與民公治之具，其法制本為至密。言其所短，則其有待於君者過重，其有待於民者過輕。〔註 25〕

怎麼解決君權大於民權的問題？嚴復寄希望於聖賢之君：「假使吾國世世皆有賢聖之君，其利用可謂無匹，而無如其不能也。」〔註 26〕說到底，嚴復還是沒有用三權分立限制君權的意思。

西方的三權分立是建立在社會契約理論基礎上的，在代表公眾意願這一元權力基礎上實行的立法、行政、司法的三權分立與制衡。嚴復將三權分立建立在官民契約基礎上，最高權力是君權，君權下再分民權，這與三權分立的一元權力基礎是矛盾的。如強為實行的話，也就是君權下分立的三種職能部門，而非實質的分權。

五、法治

嚴復在孟德斯鳩《法意》的按語裏，對法家的法制和西方的法治作出了區別：

> 「如孟氏所說，則專制云者，無法之君主也。顧申、韓、商、李皆法家，其言督責也，亦勸其君任法。然則秦固有法，而自今觀之，若為專制之尤者。豈孟氏之說非歟？抑秦之治，固不可云專制歟？」則應之曰：「此以法字之有歧義，致以累論者之思想也。孟氏之所謂法，治國之經制也。」其立也，雖不必參用民權，顧既立之餘，則上下所為，皆有所束。若夫督責書所謂法者，直刑而已，所以驅迫束縛其臣民，而國君則超乎法之上，可以意用法易法，而不為法所拘。夫如是，雖有法，亦適成專制而已。〔註 27〕

嚴復認為法家的法制是沒有「參用民權」的暴戾之法：

〔註 25〕劉琅主編：《精讀嚴復》，鷺江出版社 2007 年版，第 307 頁。

〔註 26〕劉琅主編：《精讀嚴復》，鷺江出版社 2007 年版，第 307 頁。

〔註 27〕《中國法律思想史》編寫組：《中國法律思想史資料選編》，法律出版社 1983 年版，第 851 頁。

> 吾嘗赴順天鄉試，臨場遍閱棘闈照牆告示，士子夾帶片紙隻字入場，若皆有斷頭之罰也者，乃見實行乃大相反。竊怪明人為此律令，而清朝因而不革，法家用意，杳不可窺，夫律倍物理人情，則責行無所，而其究也，必交出於欺，就使立法者處之，勢亦自廢，是為法不足以止奸，而人心愈以淪喪，非徒無益且大害焉。此風俗之所以日趨於不救也，度大清律例此類猶多，如辦逆倫重案之類，此而不革，雖有律猶無律耳。〔註 28〕

所以嚴復主張法律要因民而立：

> 治國之法，為民而立者也，故其行也，求便於民；亂國之法，為上而立者也，故其行也，求利於上。夫求利於上，而不求便於民，斯法因人而立，其不悖於天理人性者寡矣！雖然，既不便民矣，將法雖立，而其國必不安，未有國不安而其上或利者也。〔註 29〕

嚴復認識到了民主社會的法治和專制社會的法制是有區別的：民主社會的法治是因民而立，制定出「不悖於天理人性」的法律，並將法律平等的適用於每一個人，包括皇帝。嚴復進一步指出，法治是確保眾治能有效實施的保障。他認為國家權力因為社會進化自然的分為君權和民權，就簡單地認為法治就是保障君權和民權的方式：「今日所謂立憲，不止有恆久之法度已也，將必有其民權與君權分立並用焉。有民權之用，故法之既立，雖天子不可以不循也。使法立矣，而其循在或然不然之數，是故則專制之尤者耳。」〔註 30〕

法治並不是建立在君權和民權的二元權力基礎上的。民主社會的法治，其前提條件是產生的法律必須是合法的。在民主國家，衡量某個法律是否合法，就要看它是否體現了公共意願，公共意願必須基於每個公民平等的投票表決產生。在此基礎上制定的法律，平等地適用於每一個公民，公民亦願意遵守。正如托克維爾在《論美國的民主》中講到的，因為在這樣的民主自由的社會裏，每個人都把法律看成是自己創造的，所以他們愛護法律，完全自願地服從法律。〔註 31〕嚴復認為法治保障的是二元的君權和民權，這一理論前提就與法治不符。因為二元權力基礎上產生的法律不一定體現公共意願，

〔註 28〕《中國法律思想史》編寫組：《中國法律思想史資料選編》，法律出版社 1983 年版，第 860～861 頁。

〔註 29〕《嚴復集》，第 11 頁。

〔註 30〕《嚴復集》，第 940 頁。

〔註 31〕托克維爾：《論美國的民主》，商務印書館 2014 年版，第 11 頁。

甚至還會是違背公共意願的惡法，這就徹底與法治精神相悖了。

第二節　三民說和地方自治

一、對國民性的批判

嚴復認為民主「其制有至難用者。何則？斯民之智、德、力常不逮此制也。夫民主之所以為民主者，以平等，故班丹（亦譯邊沁——引者注）之言曰：『人人得一，亦不過一。』此平等之的義也。顧平等必有所以為平者，非克強而平之也，必其力平，必其智平，必其德平。使是三者平，則郅治之民主至矣。不然，使未至而強平之，是不肖者不服乎賢，愚者不令於智，而弱者不役於強也。」〔註 32〕

嚴復是第一個對中國國民性提出深刻批評的思想家。他認為：「中國之不可救藥者，不在大端，而在細事，不在顯見，而在隱微，故有可見之弊，有不可見之弊，有可思及之弊，並有不可思及之弊。」〔註 33〕他認為，中國的危機不在於西方擁有精良的器物上。而是「嘗考歐人之富強，由於歐人之學問與政治。」〔註 34〕他進一步闡述說：「天下之善政，自民權議院之大，以至灑掃臥起之細，當其初，均一二人託諸空言，以為天理人心，必當如此，不避利害，不畏艱難，言之不已；其言漸著，從者漸多，而世事遂不能不隨空言而變。」〔註 35〕但若是「以若所為，若移之中國，又必群議之曰病狂。其菲薄揶揄，不堪視聽，或微詞婉諷，或目笑不言，始事者本未有心得之真，觀群情如此，必自疑其所學之非，而因以棄去。故不必有刀鋸之威，放流之禍，僅用呆狂二字，已足沮喪天下古今人材之進境矣。」〔註 36〕所以嚴復沉痛地認為：「人材既無進境，則教宗政術，自然守舊不變，以古為宗。夫數千年前人所定之章程，斷不能範圍數千年後之世變，古之必敝，昭然無疑，更仆難終，不能具論。綜其大要，不過曰，政教既敝，則人心亦敝而已。人心之敝也，浸至合群之理，不復可言，不肖之心，流為種智，即他人之善政，

〔註 32〕《中國法律思想史》編寫組：《中國法律思想史資料選編》，法律出版社 1983 年版，第 856 頁。
〔註 33〕《嚴復集》，第 467 頁。
〔註 34〕《嚴復集》，第 466 頁。
〔註 35〕《嚴復集》，第 466 頁。
〔註 36〕《嚴復集》，第 466～477 頁。

而我以不肖之心行之，既有邪因，必成惡果，守舊之見，因之益堅。」〔註 37〕在嚴復看來，中國的危機在於國民心理、意識、思維方式等。

中國的科舉考試制度，是造成國民因循守舊、奴隸人格的罪魁禍首。「當斯時也，遊於其野，見號為士者，習帖括，工摺卷，以應試為生命。」〔註 38〕這些應試為命的士子，也只是「學古入官」:「方某讀四子五經，非以講德業、考制度也，乃因考試命題之故。其瀏覽群史，非以求歷代之風俗民情、教化進退、政治得失也，乃緣文字得此有波瀾運用、資其典實之故。」〔註 39〕所以即便做了官，也是「行於其市，實業之學不明」〔註 40〕的門外漢。科舉考試制度將讀書與做官聯繫起來，只會培養為專制服務的奴隸人才:「夫使一國之民，二千餘年，非志功名則不必學，而學者所治不過詞章，詞章極功，不逾中式，揣摩迎合以得為工，則何怪學成以後，盡成奴隸之才。」〔註 41〕這些只會媚上的奴隸之才是不可能為人民的福祉盡心竭力的。嚴復氣憤地痛斥道:「乃又有賤丈夫焉，默計他人如彼，而我陰如此，則利歸我矣，乃不期然而行之不齊如故。及觀乎其朝，夫今日之卿大夫，即士子帖括之所換，市賈金錢之所買者也。當其少年，本無根蒂〔柢〕，一行作吏，習氣益深，陳力就列，所治之事，彼此不相知，各憑私見，以為獨斷。若國之內政，無往非偽，以偽應偽，無從證其是非，但見事事合例而已。及猝有外交之事，則本無例之可援，萬不能以己之偽，應他人之真，遂不得不互相推諉，互相蒙蔽，直至其事已臨不能再緩之限，乃以一二志氣頹唐，本無學問，而又互相猜忌之人，憑其影響之見聞，決以須臾之意見。其職愈要，則其見聞之來歷，轉展愈多，故其影響亦愈甚，而差謬愈遠焉。此局一成，局中即有明哲人，亦必隨俗遷流，無能為役。蓋明知一立異同，則其身不能一日安，於事毫無所補，不如姑迴翔以待之也，而此待遂千古矣。」〔註 42〕

中西文明的要緊處在於是否尊重個人價值上。「蓋自秦以降，為治雖有寬苛之異，而大抵皆以奴虜待吾民。雖有原省，原省此奴虜而已矣；雖有燠咻，燠咻此奴虜而已矣。夫上既以奴虜待民，則民亦以奴虜自待。夫奴虜之於主

〔註 37〕《嚴復集》，第 467 頁。
〔註 38〕《嚴復集》，第 467 頁。
〔註 39〕《嚴復集》，第 280～284 頁。
〔註 40〕《嚴復集》，第 467 頁。
〔註 41〕《嚴復集》，第 280～284 頁。
〔註 42〕《嚴復集》，第 467 頁。

人，特形劫勢禁，無可如何已耳，非心悅誠服，有愛於其國與主，而共保持之也。故使形勢可恃，國法尚行，則覥靴髣面，胡天胡帝，揚其上於至高，抑其己於至卑，皆勸為之；一旦形勢既去，法所不行，則獨知有利而已矣，共起而挻之，又其所也，復何怪乎！今夫中國之詈詬人也，罵曰畜產，可謂極矣。而在西洋人則莫須有之詞也。而試入其國，而罵人曰無信之誑子，或曰無勇之怯夫，則朝言出口而挑鬥相死之書已暮下矣。何則？彼固以是為至辱，而較之畜產萬萬有加焉，故寧相死而不可以並存也。而我中國，則言信行果僅成硜硜小人，君子弗尚也。蓋東西二洲，其風尚不同如此。苟求其故，有可言也。」〔註 43〕中國專制下培養出來的都是奴隸，怎麼可能和西方的公民同日而語？！

二、三民思想

為了改變這種奴隸人格，嚴復在 1895 年《原強》一文中，首次提出「三民」說：「今而圖自強，非標本圖治焉，固不可也。標者何？收大權，練軍實。至於其本，則亦於民智、民力、民德三者加之意而已。」〔註 44〕「至於民智之何以開，民力之何以厚，民德之何以明，三者皆今日至切之務，固將有待而後言。」〔註 45〕在 1896 年 10 月後的《原強修訂稿》中，完整地闡述了「三民」思想，說：「是以今日要政，一曰鼓民力，二曰開民智，三曰新民德。」〔註 46〕

（一）鼓民力

嚴復認為鼓民力是中華民族不至於滅亡的先決條件。因為「歷考中西史傳所垂，以至今世五洲五六十國之間，貧富弱強之異，莫不於此焉肇分。周之希臘，漢之羅馬，唐之突厥，晚近之峨特一種，莫不以壯佼長大，耐苦善戰，稱雄一時。而中土疇昔分爭之代，亦皆以得三河六郡為取天下先資。顧今人或謂自火器盛行，懦夫執靶，其效如壯士惟均，此真無所識知之論也。不知古今器用雖異，而有待於驍猛堅毅之氣則同。且自腦學大明，莫不知形神相資，志氣相動，有最勝之精神而後有最勝之智略。是以君子小人勞心勞

〔註 43〕《嚴復集》，第 31 頁。
〔註 44〕《嚴復集》，第 14 頁。
〔註 45〕《嚴復集》，第 14 頁。
〔註 46〕《嚴復集》，第 27 頁。

力之事，均非氣體強健者不為功。此其理吾古人知之，故庠序校塾，不忘武事，壺勺之儀，射御之教，凡所以練民筋骸，鼓民血氣者也。而孔孟二子皆有魁傑之姿。彼古之希臘、羅馬人亦知之，故其阿克德美柏拉圖所創學塾之中，莫不有津蒙那知安此言練身院屬焉，而柏拉圖乃以駢脅著號。至於近世，則歐羅化【巴】國，尤鰓鰓然以人種日下為憂，操練形骸，不遺餘力。飲食養生之事，醫學所詳，日以精審，此其事不僅施之男子已也，乃至婦女亦莫不然。蓋母健而後兒肥，培其先天而種乃進也。」〔註 47〕

嚴復認為中國要鼓民力，當務之急就是禁止吸食鴉片和婦女纏足。「夫變俗如是二者，非難行也，不難行而不行者，以為無與國事民生之利病而已。而孰知種以之弱，國以之貧，兵以之窳，胥於此焉階之厲耶！是鴉片、纏足二事不早為之所，則變法者，皆空言而已矣。」〔註 48〕

（二）開民智

嚴復認為：「民智者，富強之原。此懸諸日月不刊之論也。」〔註 49〕他指出，中西學問有很大的差異：「顧彼西洋以格物致知為學問本始，中國非不爾云也，獨何以民智之相越乃如此耶？或曰：中國之智慮運於虛，西洋之聰明寄於實，此其說不然。自不佞觀之，中國虛矣，彼西洋尤虛；西洋實矣，而中國尤實，異者不在虛實之間也。夫西洋之於學，自明以前，與中土亦相埒耳。至於晚近，言學則先物理而後文詞，重達用而薄藻飾。且其教子弟也，尤必使自竭其耳目，自致其心思，貴自得而賤因人，喜善疑而慎信古。其名數諸學，則藉以教致思窮理之術；其力質諸學，則假以導觀物察變之方，而其本事，則筌蹄之於魚兔而已矣。」〔註 50〕西方的學術跟做官的追求是分開的，所以有充分的學術自由，可以盡情的探索宇宙，「格物致知」，沒有任何桎梏。「故赫胥黎曰：『讀書得智，是第二手事，唯能以宇宙為我簡編，民物為我文字者，斯真學耳。』此西洋教民要術也。」〔註 51〕

反觀中國，「中土之學，必求古訓。古人之非，既不能明，即古人之是，亦不知其所以是。記誦詞章既已誤，訓詁注疏又甚拘，江河日下，以致於今

〔註 47〕《嚴復集》，第 27～28 頁。
〔註 48〕《嚴復集》，第 28～29 頁。
〔註 49〕《嚴復集》，第 29 頁。
〔註 50〕《嚴復集》，第 29 頁。
〔註 51〕《嚴復集》，第 29 頁。

日之經義八股，則適足以破壞人材，復何民智之開之與有耶？」〔註 52〕所以嚴復認為開民智的關鍵是廢除科舉制度，讓學術返璞歸真，而為「真學」，所以要開民智，就應「另立選舉之法，別開用人之塗，而廢八股、試帖、策論諸制科不可。」〔註 53〕

（三）新民德

嚴復以為：「至於新民德之事，尤為三者之最難。」〔註 54〕因為他要改變中國國民的奴隸人格，鑄造平等自由的公民人格。「西之教平等，故以公治眾而貴自由。自由，故貴信果。東之教立綱，故以孝治天下而首尊親。尊親，故薄信果。然其流弊之極，至於懷詐相欺，上下相遁，則忠孝之所存，轉不若貴信果者之多也。且彼西洋所以能使其民皆若有深私至愛於其國與主，而赴公戰如私仇者，則亦有道矣。法令始於下院，是民各奉其所自主之約，而非率上之制也；宰相以下，皆由一國所推擇。是官者，民之所設以釐百工，而非徒以尊奉仰戴者也，撫我虐我，皆非所論者矣。出賦以庀工，無異自營其田宅；趨死以殺敵，無異自衛其室家。吾每聞英之人言英，法之人言法，以至各國之人之言其所生之國土，聞其名字，若我曹聞其父母之名，皆肫摯固結，若有無窮之愛也者。此其故何哉？無他，私之以為己有而已矣。」〔註 55〕

孔子的「學而優則仕」〔註 56〕一直是傳統社會的正統觀念，其後果勢必培養起忠孝的奴隸之民。新民德的目的是讓每一個人明白對社會群體應盡的責任和義務，發揮各自的聰明才智，充分發揮言論自由的精神，培養合格的公民：「西國言論最難自由者，莫若宗教。……中國事與相方者，乃在綱常名教。事關綱常名教，其言論不容自由，殆過西國之宗教。……須知言論自由，只是平實地說實話求真理，一不為古人所欺，二不為權勢所屈而已。……使中國民智民德而有進今之一時，則必自寶愛真理始。」〔註 57〕嚴復進一步指出：「蓋教育者，將教之育之使成人，不但使成器也，將教之育之使為國民。」〔註 58〕

〔註 52〕《嚴復集》，第 29 頁。

〔註 53〕《嚴復集》，第 30 頁。

〔註 54〕《嚴復集》，第 30 頁。

〔註 55〕《嚴復集》，第 31 頁。

〔註 56〕《論語・子張》。

〔註 57〕《嚴復集》，第 134 頁。

〔註 58〕孫應祥、皮后鋒編：《〈嚴復集〉補編》，福建人民出版社 2004 年版，第 65 頁。

三、地方自治

為了培養三民，嚴復力倡地方自治：

> 夫所謂富強云者，質而言之，不外利民云爾。然政欲利民，必自民各能自利始；民各能自利，又必有皆得自由始；欲聽其皆得自由，尤必自各能自治始；反是且亂。〔註 59〕

> 地方自治之制，乃刻不容緩者矣。竊計中國即今變法，雖不必遽開議院，然一鄉一邑之間，設為鄉局，使及格之民，推舉代表，以與國之守宰，相助為理，則地方自治之基礎矣。〔註 60〕

> 故不佞竊謂中國居今而為中國謀自強，議院代表之制，雖不即行，而設地方自治之規，使與中央政府所命之官，和同為治，於以合億兆之私以為公，安朝廷而奠磐石，則固不容一日緩者也。〔註 61〕

嚴復在論證地方自治時還是逃不了進化論的窠臼，他認為，通過建立地方自治，可以「使人人留意於種之強弱，國之存亡，將不久其智力自進，而有以維其國於泰山之安。且各知尊主隆民，為人人之義務，則加賦保邦之事，必皆樂於自將。」〔註 62〕

在《政治講義》中，他更加詳細地闡述了地方自治理論：

> 夫自由云者，作事由我之謂也。今聚群民而成國家，以國家而有政府，由政府而一切所以治吾身心之法令出焉，故曰政府與自由反對也。顧今使之為法，而此一切所以治吾身心者，即出於吾之所自立，抑其為此之權力，必有吾與之而後有。然則吾雖受治，而吾之自由自若，此則政界中自治 self-government 之說也。頗有政家，謂自治乃自相矛盾之名詞，以謂世間雖有其名，實無其事。人之行事，不出兩端，發於己志一也，從人之志二也。前曰自由，後曰受管。故一言治，便非自力，果由自力，既不為治。此其說劇細。顧自我輩觀之，吾身所行之事，固有介於二說之間者，非有己欲，亦非從人，但以事係公益，彼此允諾，既諾之後，即與發起由吾無異。然則自治名詞，固自可立，而以實事明之，譬如一國之民，本係各

〔註 59〕《嚴復集》，第 27 頁。
〔註 60〕《嚴復集》，第 982 頁。
〔註 61〕《嚴復集》，第 985 頁。
〔註 62〕《嚴復集》，第 982 頁。

不相為，各恤己私，乃今以四郊多壘，有相率為虜之憂，於是奮然共起，執戈攜行，以赴國難。此時雖有將帥號令，生殺威嚴，然不得謂國人為受屈逼脅。何則？一切皆彼之自發心也。如此即為自治之一端。使此法可行，將政界之中，無禁制抑勒之事，雖令發中央樞紐，無異群下之所自趨，從此君民衝突之事，可以免矣。〔註 63〕

嚴復「非有已欲，亦非從人，以事係公益，彼此允諾，既諾之後，即與發起由吾無異」的看法有民主的成份。他接著論證如何實施地方自治：

夫如是言，中國之有地方自治，蓋已三千餘年，此非無慮之言也。蓋地方自治之制，廣土眾民之國所不能無。雖然，邦域國家非一，其有地方自治則同。而其所以為自治者，乃有無窮之異，不獨其對於中央政府，有泛切輕重之殊科，即治權所出，亦不一也。有為中央政府之所敕命者，有為地方之眾所公舉者，有畫壤分茅，世相傳襲者，此治權之所以受之異也。至其機關，有出於一人之專制，有出自少數之豪傑貴族，有出於一方之議院。有合其二三而並用之，其為異如此。是故吾國居今而言地方自治，非以其所本無而求立新制，乃因舊制之行用日久，時勢變遷，不足逮事，而求另立一部機關，予以補舊制之所闕。篤而論之，亦只是參用民權而已。地方之有鄉約工局，猶國家之有議院內閣。此吾輩不可不瞭然於心者也。〔註 64〕

嚴復的地方自治雖然有民主的成份，但僅限於「參用民權」。他將「鄉約工局」等同於「議院內閣」，認為施行地方自治僅僅是「吾國居今而言地方自治，非以其所本無而求立新制，乃因舊制之行用日久，……而求另立一部機關，予以補舊制之所闕」這麼簡單，證明嚴復沒有弄清楚西方民主傳統中市民社會（civil society）或公共領域（public sphere）的觀念。市民社會完全不同於中國傳統宗法自治的鄉村社會，兩者雖然都是「自治」，但是前者的自治是為了爭取每個公民的個人權利；而後者的自治僅僅是為了維護表面上一團和氣的家族或鄉村的集體利益，忽視甚至蔑視個人權利，和民主的建設可謂是相悖的。儘管如此，嚴復地方自治的主張還是為 1909 年全國各省開設的諮議局提供了理論支持。雖然嚴復對憲政理解得不透徹，但亦從某個角度體現了他想

〔註 63〕《嚴復集》，第 1300 頁。
〔註 64〕《嚴復集》，第 1726 頁。

融合中西，慢慢修補的漸進主義改良思想。

四、意義和侷限性

嚴復以西洋社會為參照，以西學為武器，由淺入深、由表及裏地對中國的科舉制度、君主專制制度、傳統價值觀念、國民劣根性等問題作了層層解剖。尤其是他在甲午戰爭期間就率先提出改造國民性問題，從而成為當時最瞭解國情民性、對現實批判最深刻的維新志士，其前瞻性與深刻性為同時代其他思想家難以企及。〔註 65〕

嚴復的三民說在整體上依然遵循社會進化論的邏輯，所以嚴復是反對辛亥革命的。如本文第三章第一節所述，嚴復將希望寄託在明君上，希望通過明君來解放人民的才能。嚴復的「明君說」是有侷限性的。如本文第二章第二節提到的，嚴復沒有提及力、智、德三者之間發生牴牾的可能性。特別是「力」與「德」之間的慣常衝突。依他的社會進化論邏輯，在社會中，應適用優勝劣汰的社會生存法則，必須抵制人道主義的干預，因為不應允許任何外來的因素干涉自然法則。也就是說凡是用強力得來的東西就有正當的合理性，也不管它是否符合道德。那麼嚴復顯然不能自圓其說：既然是明君，那麼他的產生必定是符合道德的;但中國歷史中的皇帝都是靠強力取得權力的，那麼這樣產生的皇帝首先就不符合道德。退一步來講，假使靠強力取得權力的皇帝中有所謂的明君，但也沒有任何保障讓他以後不靠強力，一直靠「道德」統治，去持續地訓練他的國民到「足以自治」。

嚴復能認識到中國人沒有公民人格，不能支撐民主政治，要通過地方自治培養公民，由下而上推行民主是很了不起的。但是他的三民說還是嚴重囿於社會進化論的邏輯，並不注重培養人的個性和獨立思考，特別是創造性思考的能力，但這恰恰是公民教育的基礎。

從歷史來看，在中國的專制社會裏，要培育公民階層難度是很大的。中國具有兩千多年的皇權官僚體系，皇帝網絡天下精英充任於各個權力機構。這個制度和機構是如此的嫻熟精良，以至於中國從來都沒有出現過可與皇權抗衡的力量，權力的爭鬥也從來都是「不是你死就是我活」，在中國權力的結構裏從來沒有過中產階級即市民階層。就像密爾說的那樣，這個管理機器的

〔註 65〕參見王栻：《嚴復與嚴譯名著》，載《論嚴復與嚴譯名著》，商務印書館 1982 年版，第 4 頁。

構建越高效，科學性就越高，因為它召集了全國的精英去操縱這臺機器，但是這樣的害處是顯而易見的。如果一個國家的所有精英都被納入了政府職位，那就是將所有的社會需要組織起來，政府壟斷了所有的社會資源，需要社會參與管理的事務都被政府包幹了。這樣勢必集中起一個龐大的官僚機構，所有的人都謀求在這個官僚機構中謀得自己的一席之地。好不容易進入這個官僚系統，又要謀求升遷，這就成為人們追求和努力的唯一目標了。在這個社會裏不可能有發達的學術，因為所有的精英都在想著如何當官和陞官。這個官僚機構由這麼多精英操控著，使得官僚機構外的民眾既沒有資格對它進行評論，也不可能有任何制約的能力。即使平民運動或專制的官員裏偶然出現一個統治人物，想要進行憲政民主改革也是不大可能的，因為底下的官員還有他們的利益。既然這個社會把追求陞官發財作為唯一的追求目標，那麼如果有人出來重新切割這些既得利益者好不容易爭得的蛋糕，他們肯定會拼死反抗，所以就很難實施與這個官僚機構利益相反的改革。〔註 66〕

嚴復甚至希望出現明君來主動培養國民，通過開明君主專制建立民主。從這點來看，嚴復是天真的。兩千多年的專制社會抹殺掉了人的創造力，只剩下沿襲老祖宗的智慧，這就是中國傳統社會一直覺得古代比現代好的原因。自秦始皇發明皇帝制度以來，皇帝統治和壟斷了所有的社會資源，所有的權力都被皇帝獨佔。自此以後，中國社會制度和文化就停滯不前，再沒有出現過先秦時期百家爭鳴的學術盛況，也沒有出現過一個可以與先秦諸子媲美的大學者。正如愛默生看到的，一元的皇帝權威論和絕對思維導滯中國停滯不前。中國問題的關鍵在於一個君主統治著一切人的這種制度，那裡的和平是以人們的利益、榮譽和意志去盲從一個無知而壓迫人的獨裁者換來的。〔註 67〕

更為可怕的是，中國歷史上的皇帝從來都不是柏拉圖理想國中的哲學王，歷史的事實是，中國人民根本不可能也沒有機會通過西方那樣的民主選舉出一個「明君」。嚴復只注意到了專制下的奴隸人格，卻忽視了中國兩千多年來的儒家文化心理。儒學是一種形而下的學說，也就是一種一心嚮往權力的文化心理。說白了，儒家文化最核心也是最為糟粕的就是權謀術。權謀術就是一種以上御下的權術。皇帝和官僚系統的上級靠法、術、勢來束縛和操縱官

〔註 66〕參見約翰·密爾：《論自由》，商務印書館 1982 年版，第 120～121 頁。
〔註 67〕參見錢滿素：《愛默生和中國——對個人主義的反思》，三聯書店 1996 年版，第 191～192 頁。

僚系統下級和人民。中國的皇帝都是一個個靠權謀術來束縛和操縱官僚階層和人民的「權威」。而能充當這個「權威」的人物又往往是最沒底線，最沒道德的。權謀術淪落成了流氓式的奪權鬥爭。中國歷史上盛行厚黑學，為了權力隨機應變、不擇手段，弒父殺兄殺子爭奪皇位等都是這種流氓鬥爭的體現，權謀術是人治的核心邏輯，所以中國傳統社會的亂世並不比治世短。從某種程度上講，嚴復之所以自覺的從西方引進社會進化論，也是長期浸染於這種「成王敗寇」的人治邏輯中。

嚴復希望君主立憲實現民主。「以不佞私見言之，天下仍須定於專制，不然，則秩序恢復之不能，尚何富強之可跂乎？」〔註 68〕否則自由、平等和民主的口號在這種情況下只能導致進一步的分裂和混亂。但是在以權謀術為核心的專制傳統下，實現開明專制主義的難度是可想而知的。

〔註 68〕《嚴復集》第 603 頁。

第五章　晚年法律思想的轉變

第一節　駁斥盧梭民約論

嚴復反對暴力推翻清政府，他終生主張實行君主立憲，這是他一生的政治立場。他對盧梭的「天賦自由」一直持批判態度，這與革命派的言論有關，他尤其害怕盧梭思想引發出的暴力革命的主張，他說：「法國革命軍之起也，自由之說最嘩。」〔註 1〕這裡的「自由之說」主要是指盧梭的自由民權說。嚴復批判盧梭的民約論，與他進化論框架下的漸進的經驗主義是密不可分的。〔註 2〕

一、民約論的基礎是心學

嚴復認為研究政治學還是要靠社會進化論：「總之，吾人考求此學，所用者是天演術，是歷史術，是比較術，是內籀術。」〔註 3〕同時強調從歷史角度研究政治學是 19 世紀的方法，是對 18 世紀的治學方法的修正。「蓋二學（歷史與政治）相表裏。西人言讀史不歸政治，是謂無果；言治不求之歷史，是

〔註 1〕《嚴復集》，第 1280 頁。

〔註 2〕除了在進化論框架下研究嚴復經驗主義的法律觀，有學者把注意力轉移到西方哲學的淵源，認為嚴復改良派與孫中山革命派分歧的西學淵源分別是英國和法國的哲學傳統。詳見歐哲生：《嚴復評傳》，百花洲文藝出版社 2015 年版，第 144 頁及董小燕：《試論嚴復政治觀的經驗主義特徵》，載《浙江大學學報（人文社會科學版）2008 年 9 月第 38 卷第 5 期，第 152～159 頁。但仍有學者認為嚴復的經驗式的政治觀主要是在進化論的框架下產生的，比如王人博認為，嚴復是進化論主導的經驗論。參見王人博：《中國近代的憲政思潮》，法律出版社 2003 年版，第 112 頁。

〔註 3〕《嚴復集》，第 1251 頁。

謂無根……須知18世紀以前，已有言治不求之歷史者，希臘時如柏拉圖，最後如盧梭……其言治者皆本心學，或由自然公理，推引而成。是故本歷史言治，乃19世紀反正之術，始於孟德斯鳩，至於今幾無人不如此矣。」〔註4〕

嚴復認為以心學研究政治學是不科學的：「夫世之勤勤於一學，孰不有意於人事之改良乎？故求至美之物，而卒至於無所得，或所得者妄，而生心害政者，其故無他，坐用心躁耳。故言天學，而淪於星命，言化學而迷於黃白，皆此類也。」〔註5〕嚴復指出言治心學的人是急躁的，而這種錯誤的治學方法就會導致生心害政的結果。「為西人之政論易，為西人之科學難。政論有驕囂之風如自由、平等、民權、革命皆是，科學多樸茂之意。」〔註6〕他認為盧梭就是如此言治心學的人。

從以上論述可以看到，嚴復已經認識到心學和西方的理性有很大的不同：

> 夫陸王心學，質而言之，則直師心自用而已。自以為不出戶可以知天下，而天下事與其所謂知者，果相合否？不徑庭否？不復問也。自以為閉門造車，出而合轍，而門外之轍與其所造之車，果相合否？不齟齬否？又不察也。向壁虛造，順非而澤，持之似有故，言之若成理。其甚也，如驪山博士說瓜，不問瓜之有無，議論先行蜂起，秦皇坑之，未為過也。蓋陸氏於孟子，獨取良知不學、萬物皆備之言，而忘言性求故、既竭目力之事，惟其自視太高，所以強物就我。後世學者，樂其徑易，便於情窳敖慢之情，遂群然趨之，莫之自返。其為禍也，始於學術，終於國家。〔註7〕

中國傳統的研究方法，無論心學、理學，還是儒釋道，都只強調個人經驗，帶有強烈的主觀色彩。比如感悟，冥心靜思，自省修養等。這種感知的非理性研究方法，其學術標準很難甄別，因為它本身就是情緒的、揣測的。這種情緒的、揣測的感性在不同人身上有不同的經驗，不可能有一個標準的驗證法讓所有人都可以得到相同的經驗。比如面對同樣的風景，瞎子就什麼體驗都沒有；面對同一曲音樂，聾子也沒有體驗。中國傳統的研究方法就是這種感性的「悟」，比如悟出水是最善良的，利萬物而不爭。這個結論從來沒

〔註4〕《嚴復集》，第1243頁。
〔註5〕《嚴復集》，第1249頁。
〔註6〕《嚴復集》，第564～565頁。
〔註7〕《嚴復集》，第44～45頁。

有人質疑過。但拿到西方，用西方的邏輯思維一檢驗，就出問題了。如果是洪水呢？它還是利萬物而不爭嗎？所以通過這樣的研究方法得出的結論是經不住推敲的，因為研究者並沒有使自己的觀點經受得住推敲而系統地搜集證據。換句話說，他沒有使用科學的方法論，而是採用觀察法來選取自認為會對得出結論有重要作用的現象作為思想的基石。可見通過感性獲得的學術性知識不一定經得起科學方法的檢驗，不一定是普遍真理。

西方自柏拉圖(西方哲學都是柏拉圖哲學的注腳)〔註 8〕開始就注重理性，柏拉圖甚至要廢止包括文學在內的藝術，認為它們對事物的模仿通常是歪曲的，因為感性是靠不住的。嚴復從西方引進科學和理性，就是想改變中國人的思維習慣，所以單從這點來說，嚴復的思想是值得肯定的。

但嚴復就此而得出盧梭的民約是由「心學」得來的，就是對西學的牽強附會了。西學研究是理性的，不像中學那樣是感性的。中國人相信如果一個智者，在總結了前人的感性經驗後，再經過他的實踐經驗證明是對的，那麼他就可以提供知識。但智者的經驗是個人的；它並不是來源於科學實驗的經驗〔註 9〕。

盧梭的民約論是來自盧梭個人的經驗嗎？顯然不是。盧梭認為每個人生來都是平等的，天賦人權。如果只要每個人的自由，不要政治權威可行嗎？就像托克維爾描述的那樣，人們想要表達自己的思想時，需要依賴一套語言和語法結構，人們為了生存也需要倚靠於某種權威，因為如果沒有這種權威，社會就會亂套，陷入無政府的社會狀態中。這種權威的表現方式在各個社會中是不同的，正如人們多樣性的語言和語法結構一樣，但它肯定至始至終都存在於社會中。〔註 10〕所以，盧梭根據西方憲政的契約主義建立了民約論：假設每個人都放棄全部天然自由，將其轉讓給政治權威，但這個政治權威必須與每個人簽訂契約，保障每個人與生俱來的自由和權利。每個人的契約自由是平等的。嚴復認為盧梭的民約論源自心學，甚至將其與占星術、煉丹術相提並論，是有失偏頗的。

〔註 8〕20 世紀著名的哲學家阿弗烈·諾夫·懷海德認為西方哲學都是柏拉圖哲學的注腳。參考 Alfred North Whitehead, *Process and Reality* (Free Press, 1979), p.39.

〔註 9〕西方「經驗」一詞是指通過科學實驗得出的實驗數據，experience 源於 experiment，experience 一詞最早可追溯自培根。

〔註 10〕托克維爾：《論美國的民主》，商務印書館 2014 年版，第 87 頁。

二、以進化論為基礎批判民約論

（一）盧梭民約論的歷史參照物不對

> 意輒謂邦域國家，即非人功所締造，至市府國家，以幹局之小，當係用民約所公立者。此盧梭等所以多主小國分治之說也。顧考諸歷史之事實，則又不然。市府之成，其本於家族教會之漸變，歷歷有據。如希臘之雅典，意大利之羅馬，其始之有神話時代，宗法時代，無異英倫、德意志諸邦。然則謂市府國以其小狹，其成立本於人為者，其說誤矣。〔註11〕

首先，嚴復從進化論的角度認為不可能有「民約所公立」的國家。因為不管是希臘之雅典，還是意大利之羅馬，都是遵循神話時代—宗法時代—國家這樣一個進化順位的，嚴復認為這是不以人意志為轉移的「客觀規律」，所以說雅典、羅馬是民約所公立的，就是謬誤。前面筆者已多次講到社會進化論不是客觀規律，所以嚴復僅僅依據假定的邏輯體系就否認盧梭民約論的歷史參照物是武斷的。

其次，希臘雅典、意大利羅馬是西方現代憲政的雛形。西方的契約文明正是起源於古希臘的雅典和羅馬。古希臘的文明發源於跨海大遷移中的城邦文明，各個城邦的島嶼分散在愛琴海周圍。因為跨海大遷移切斷了氏族的血緣，各個島嶼上的種族都是混合的，所以也就不會像中國這樣為了一個統一的民族對外作戰而聯合起來。各個城邦都遵循細胞式的分裂發展模式，即各個城邦的文明聲教都有來自一個共同的模版——母城邦。各個島嶼的土地有限，資源亦有限，不可能不靠島外的資源而自給自足，所以建立在各個島嶼上的城邦之間很早就形成了基於商業貿易的契約主義文明。這種契約主義正是西方憲政的基礎，它是一種法律上的程序正義。在城邦的統治中亦貫徹著這種契約主義，尤其著名的就是古雅典和古羅馬。它們的統治集團都是公民，公民組成公民大會作為權力機構對城邦的事務進行表決，這亦是議院的雛形。古雅典和古羅馬的憲政實踐，為社會契約論的形成提供了歷史和文化的基礎。由此可見，嚴復認為雅典和羅馬是基於家族教會之漸變的觀點亦是不符合歷史事實的。

（二）安於社會進化後已成之現狀

> 由此而入 18 世紀，當吾康、雍之世，至於乾隆，而西士始群

〔註11〕《嚴復集》，第1272頁。

然以國家權界為太寬。其願望過奢，轉無益於社會。盧梭政論，為革命先聲，亦以政府所問過煩，人民受治太過為說。當此之時，若宗教、若教育、若政治，諸家所說，往往多同，於是群主因任自然無憂無為之義。〔註12〕

嚴復並沒有徹底否定民約論的理論，反而是抱著欣賞的態度去看待它，認為它可以縮減國家的權力界限。但是這種願望太過美好，轉而不適合當時的中國，因為社會進化還沒達到那個程度。社會進化論在嚴復這裡是一種絕對的科學，任何外力的干擾都無法阻擋這一必然規律，所以人們只能被動地等待，「任自然無憂無為」。說一千道一萬，人民只能心甘情願的安於社會進化後的現狀。

（三）專制對人民也是有責任的

且吾所尤不解者，盧學每謂以力服人，為專制治法之所獨；不知使真專制，其所具力，理應最少。雅里氏三制之中，最不能全仗自力者，莫專制若。謂專制以道德才智服人，謂少治眾治，以力量制人，猶可說也。奈之何以專制之獨夫，而謂其有制服億兆之能力乎？且由此觀之，專制之君主，無不借助於人之理。既借助矣，即對於人，不得率意徑行。是故謂天下有無責任之貴族民主，於理可通，而云有無責任之專制者，古今真無此物。〔註13〕

盧梭最反對君主專制：「臣民除了君主的意志以外沒有別的法律；君主除了他自己的欲望以外，沒有別的規則。這樣，善的觀念，正義的原則，又重新消失了。在這裡一切又都回到了最強有力上來。」〔註14〕但嚴復卻為專制辯護說，盧梭認為君主專制是以力服人，那是盧梭不懂真正的專制。真正的專制所用的力理應是最少的。要不怎麼僅憑專制的一人，就可以統治億兆的人？又說世界上有無責任的貴族民主，但沒有無責任的專制。很明顯，嚴復誤讀了法律意義上的「力」和「責任」這兩個術語。盧梭的力是指「權力」，嚴復指的卻是力量、能力。盧梭所指的「責任」是政府的權力侵犯公民權利後應負的法律責任，而不是嚴復所謂的養民責任。可見，由始至終，嚴復都沒有承認個人本身也是一種價值，沒有從人權的角度來解讀政府的組織形式，更別說作出中肯的評價了。

〔註12〕《嚴復集》，第1295頁。
〔註13〕《嚴復集》，第1307～1308頁。
〔註14〕盧梭：《論人類不平等的起源和基礎》，商務印書館1962年版，第146頁。

三、對嚴復駁斥民約論的評判

嚴復認為盧梭的民約是「烏托邦」，他從社會進化論的角度解讀歷史，認為歷史從來都是弱肉強食，不可能存在每個人的天然平等。因為歷史和政治相為表裏，歷史決定了強者勝，弱者亡，所以盧梭的民約論只能是空中樓閣，是不切實際的幻想，甚至還把善和正義的實現寄託於君主的良心發現和施捨。這裡涉及到嚴復思想的一個重要特點，亦即：認為最能幫助人們瞭解未來的方法是依賴以歷史經驗為基礎的知識，而非依賴超越歷史經驗的形而上學。

嚴復認為盧梭的「人天生就是自由」的觀點不符合歷史經驗，這是事實。這裡就涉及一個如何面對歷史經驗和形而上學的問題。人類創造了文明，用理性去思索形而上學的價值，自然法的概念即是這樣一種道德價值上的形而上學。至於歷史，它不是科學，它只是人們按照自己意志實踐出的歷史事件，歷史經驗的價值在於為我們提供借鑒而不是絕對的指導。所以我們應當讓人們實踐自然法，因為正是對基於人類道德價值的終極關懷，才讓我們免於野蠻，趨向文明。美國的獨立運動就向我們展示了這種實踐自然法的文明道路：

盧梭的《社會契約論》在 1762 年出版，這一思潮直接導致了美國的獨立運動。美國在 1776 年 7 月 4 日發表《獨立宣言》，宣布人人生而平等，正是為了保護天賦人權，人們才建立政府。〔註 15〕對於《獨立宣言》的性質，亞當斯先生在他 1831 年 7 月 4 日的演講中指出：「獨立宣言是一部社會契約，整體人民〔註 16〕與每一位公民簽約，每一位公民與整體人民簽約，聯合的殖民地是、並且依法應該是自由和獨立的國家。」〔註 17〕可見，早在嚴復批駁盧梭的民約論時，盧梭的民約論已經在美國實現，並成為 1787 年美國憲法的理論基礎，它根本就不是烏托邦。

〔註 15〕美國獨立宣言，網址：http://www.360doc.com/content/16/0505/20/32504448_556574944.shtml，最後訪問日期 2018 年 1 月 3 日。

〔註 16〕威爾遜大法官在他的《法律演講》中指出：「在自由國家中」，「人民構成一個擬制人（an artificial person）或者一個政治組織，是可知的最高等和最尊貴的。他們構成一個精神上的人（moral person），我在前面的演講中，描述它為一種自由的、自然的人為他們共同的利益團結在一起的完整體；可以有思想和意志；可以審議協商、作出決議、採取行動；可以擁有它應管理的利益；可以擁有它應維護的權利；可以承擔它應履行的義務。對這個精神上的人，為其崇高與尊貴，我們賦予其國家這個尊貴的名字。」參見【美】約瑟夫・斯托里：《美國憲法評注》，上海三聯書店 2006 年版，第 96～97 頁。

〔註 17〕參見【美】約瑟夫・斯托里：《美國憲法評注》，上海三聯書店 2006 年版，第 99 頁注釋 12。

嚴復不僅沒有看清社會契約論已在美國實現的事實，還頑固地認為「然而執是推行，將果為人倫之福利也歟？」「盧梭之說，其所以誤人者，以其動於感情，懸意虛造，而不詳諸人群歷史之事實。」「盧梭之所謂民約者，吾不知其約於何世也。」〔註18〕簡直就沒有實現的可能性。

第二節　堅持君主立憲制

一、用進化程度不足否定共和制

辛亥革命的爆發，引起古老中國社會的巨大變遷，嚴復的情緒是複雜而猶豫的，但最終還是對共和失望，繼而否定。

1911年10月10日辛亥革命爆發，嚴復曾作長信致《泰晤士報》駐京記者莫理循，11月28日發表於《泰晤士報》。嚴復認為：「按目前狀況，中國是不適宜於有一個像美利堅合眾國那樣完全不同的、新形式的政治的」，因為「中國人民的氣質和環境將需要至少三十年的變異和同化，才能使他們適合於建立共和國」，「因此，根據文明進化論的規律最好的情況是建立一個比目前高一等的政府，即保留帝制，但受適當的約法約束。應儘量使這種機構比過去更靈活，使之能適應環境，發展進步。」〔註19〕

1911年12月12日，嚴復作為袁世凱委派的代表南下參與議和，過江到武昌與黎元洪〔註20〕會晤，對武昌革命黨人老調重彈：「黨人以共和民主為主旨，告以國民程度不合。」〔註21〕南北和談期間，在清政府已允許臣民自由剪髮的背景下，嚴復蓄辮言志，以示不贊同共和：

> 幼陵自言：「或詢其素主新學，何為居腐敗政府之下而不去耶？答曰：嘗讀柳子厚《伊尹五就桀贊》〔註22〕，況今日政府未必如桀，

〔註18〕《嚴復集》，第340頁。

〔註19〕嚴復：《致莫理循》，見王慶成主編：《嚴復未刊詩文函稿及散佚著譯》，財團法人辜公亮文教基金會1998年版，第109頁。

〔註20〕武昌起義領導人黎元洪，是北洋水師學堂管輪班第一屆畢業生（1888年畢業），不折不扣是嚴復的學生。

〔註21〕孫應祥：《嚴復年譜》，福建人民出版社2003年版，第385頁。

〔註22〕伊尹是商初名臣，相傳夏商代謝之際，伊尹有五次去湯就桀的故事。伊尹認為：「湯誠仁，其功遲；桀誠不仁，朝從吾而暮及於天下可也。」柳宗元《伊尹五就桀贊》指出：伊尹意在桀改過而救民之速，並稱讚「聖人出於天下，不夏商其心，心乎生民而已。」參見《柳宗元集》（二），中華書局1979年出版，第522頁。

革黨未必如湯，吾何能遽去哉！」〔註23〕

但在南下談判的路途中，嚴復洞悉清廷的頹勢，1911年12月13日，在見過黎元洪後，給陳寶琛寫信道：「民心大抵皆向革軍。」〔註24〕嚴復又對建立民國一度懷抱希冀。在一首《民國初建，政府未立，嚴子乃此詩》中，他寫到：「燈影回疏櫺，風聲過簷隙。美人期不來，烏啼蜃窗白。」〔註25〕詩中以美人喻革命，以徹夜等待的迫切心情，期待國民政府的誕生。形象地表達了他自己此時期望與焦慮的心境。但是，形勢發展不容樂觀。1912年12月20日，嚴復在《平報》發表《砭時》一文，對共和後的情況憂心忡忡：

> 今之共和非東方所舊有也，西國希臘、羅馬之代尚已。顧即有其事，亦猶今之南美小部所為，旋興旋廢，甚至微謭不足道。而其卓然以此制為大國、勢力足以左右世界，美與法而已耳！今意者天將以吾國為之三，使聳動五洲，悉棄帝國之制，而此世遂趨於大同；抑將魚爛瓜分，曾印度之不若？使議國者以是為殷鑒，二者之數均不可知，其大分存於吾民之自求而已。然而吾輩平心而論，則由今之道，無變今之俗，所謂共和、幸福，均未見也。而險象轉以環生，視晚清時代若尤烈。民窮為盜，病變時聞，京外公私，掃地赤立。府、州、縣無所供於省會，省會無所供於京師，財政之難得未曾有。且數月以來，外交尤為棘手。強俄乘隙抵巇以收蒙庫，其協約至惡，若使人忍無可忍。慷慨義憤之士，輒謂非戰無以為功，此其言誠是也。顧戰矣，而合海內諸行省，問任戰之兵幾何？所能分出之餉源幾何？槍桿若干支？子藥若干顆？則議者大抵茫然，莫知其教。今夫兵固有先聲而後實者，然已今日悲陲之事，有強對焉；非若辛壬之事，但以報紙風謠一二炸彈，而遂成巍巍之功，且特膺一切之賞無愧色，亦已明矣！古之謀國，動云計出萬全，夫必在求出萬全，此誠不足與計事；而已民國之重且大，吾人謀而後動，豈不宜十五六操其勝算？此其十五六之勝算存於何時？願諸君有以語我來。嗟乎！今日之事，韓信、鯨布脫有其人，而蕭何則未之概見。〔註26〕

〔註23〕孫應祥：《嚴復年譜》，福建人民出版社2003年版，第386頁。
〔註24〕《嚴復集》，第502～503頁。
〔註25〕《嚴復集》，第380頁。
〔註26〕孫應祥：《嚴復年譜》，福建人民出版社2003年版，第410頁。

最後，嚴復把這一切罪責都歸咎於「一切特出於激烈，」〔註 27〕對共和非常失望。

1913 年 7 月，「二次革命」爆發，嚴復在給熊純如的信中寫道：「前者黨人不察事勢，過爾破壞，大總統誠不得已而用兵，顧兵為兇器久矣；況以中國平日之教育，其殘賊不仁，有識者固當前見。事已至此，惟望後來之人，有撫循之責者，為之救死扶傷，庶社會有平復舊觀之一日。……則孑遺之民，豈有喘息之日耶？」〔註 28〕前此他就認為，民國後出現的動亂，是因為違背了社會進化規律。這樣他更加篤定這個信念：「往往一眾之專橫，其危險壓制，更甚於獨夫。」〔註 29〕「往者，不佞以革命為深憂，身未嘗一日與朝列為常參官，夫非有愛新覺羅氏，亦已明矣。所以嘵嘵者，即以億兆程度必不可以強為，即自謂有程度者，其程度乃真不足。」〔註 30〕

二、君主立憲適合國民程度

洪憲帝制啟幕時，嚴復對楊度表示：共和、君憲兩種政體何者適合中國，根本無須討論，困難在於誰當君主。袁世凱接受推戴後，嚴復認為：「雖步伐過湊，尚未大差。」〔註 31〕護國戰爭爆發後，袁世凱被迫宣布取消帝制，並面臨被迫下臺的巨大壓力。嚴復則不以為然：

> 使國有人，而以存國為第一義者，值此袁氏孤危戒懼之時，正可與之為約，公選穩健之人，修約法，損其政權，以為立憲之基礎，使他日國勢奠安，國民進化，進則可終於共和，退則可為其復辟。〔註 32〕

「府院之爭」出現後，嚴復感到社會上復辟暗潮極大。1917 年上半年，嚴復在書信中四次（1 月 24 日、2 月 28 日、4 月 26 日、5 月 30 日）論及政治體制，其中，兩次強調中國「一線生機，在於復辟」，〔註 33〕三度明確反對中國採用共和制。〔註 34〕1917 年 7 月 1 日，張勳等擁戴溥儀復辟。嚴復平素

〔註 27〕孫應祥：《嚴復年譜》，福建人民出版社 2003 年版，第 411 頁。
〔註 28〕《嚴復集》，第 612 頁。
〔註 29〕《嚴復集》，第 337 頁。
〔註 30〕牛仰山、孫鴻霓編：《嚴復研究資料》，海峽文藝出版社 1990 年版，第 52 頁。
〔註 31〕參見皮后鋒：《嚴復評傳》，南京大學出版社 2006 年版，第 145 頁。
〔註 32〕《嚴復集》，第 633 頁。
〔註 33〕《嚴復集》，第 662、669 頁。
〔註 34〕《嚴復集》，第 662、663、667 頁。

對張勳評價極低，但卻讚賞張氏此舉「是血性男兒忠臣孝子之事，」〔註 35〕並通過陳寶琛為復辟出謀劃策。1918 年至 1920 年間，南北軍閥混戰，嚴復對國內時局更為悲觀，多次論及政治體制，又有三次明確反對共和制，認為共和的弊端甚至過於專制。〔註 36〕

> 鄙人自始洎終，終不以共和為中華宜採之治體，嘗以主張共制者，為四萬萬眾之罪人，九幽十八重，不足容其魂魄。然今之所苦，在雖欲不為共和民主而不可能，則亦如來諭所云，惟有坐視遷流，任其所之而已。〔註 37〕

第三節　重構憲政價值觀參照體系——孔教

一、信仰體系的崩潰與重構

千百年來，中國人習慣於生存在一套政治、道德、社會、萬物本體、歷史、情感等都統一併且會通的儒學意識形態裏，通過這個唯一無二的意識形態可以解決下自安身立命上至治國安邦的問題。因此，當作為中國人倚靠了兩千多年的儒學意識形態被徹底推翻了，對中國造成的政治、文化的地震是可想而知的。孫中山的辛亥革命在名義上推翻了帝制，但民主共和並沒有真正建立起來。清末民初時的中國人普遍缺乏自主思考的能力和獨立意志，所以驟然間讓中國人適應「民主自由」的難度是可想而之的。辛亥革命沒有經過思想啟蒙，並沒有教會中國人如何集會、如何選舉等常識。自由民主對大多數中國老百姓來講還是一個非常陌生的東西，他們不知道它的概念，更不清楚它的運作方式。而各地軍閥又趁機混戰割據，戰爭使中國人的日子遠遠過得不如清末的和平時期。武夫干政宣告了還沒有來得及發育成長的憲政制度過早的夭折了。當時的知識界亟待解決的問題就是要尋找到一個價值觀的參照體系，這個學說既要符合中國的國情，又要將憲政從犧牲的十字架上救

〔註 35〕《嚴復集》，第 671 頁。

〔註 36〕《嚴復集》，第 680 頁。

〔註 37〕《嚴復集》，第 711～712 頁。1920 年 9 月 25 日，嚴復《與鄭孝胥書》云：「僕自始至終持中國不宜於共和之說，然恐自今以往，未見有能不共和之日。足下所云（按：指復辟——引者），亦懸為虛望而已。」（勞祖德整理：《鄭孝胥日記》，中華書局 1993 年版，第 1842 頁）。參見皮后鋒：《嚴復評傳》，南京大學出版社 2006 年版，第 145～146 頁。

贖下來。基於此，嚴復提出重構孔教作為憲政價值觀的參照體系。

二、重新認識西方文明

1905 年，嚴復赴倫敦辦理開平礦的訴訟事宜。重遊故地，他卻看到：英國「議院自其形式言，又不過聚一哄之民，以辨議一國之政法。雖然，學者欲明此一哄之民之功分權界，與夫於一國所生之效果，理想繁重，難以猝明。」〔註 38〕「名曰為啟文明，而實則自固其圉，抑為通商殖民地耳。」〔註 39〕「惟器之精，不獨利為善者也，而為惡者尤利用之。」〔註 40〕1906 年初，嚴復發表《政治講義》，強調德行。他說：「人之合群，無間草昧文明，其中常有一倫，必不可廢。此倫維何？君臣是已。」〔註 41〕西方只有器物是精良的，但沒有像中國社會這樣完善的道德，所以「更何必捨其家雞，而更求野鶩乎！」〔註 42〕

第一次世界大戰給西方社會帶來了前所未有的危機，西方近代文化的未來前景被蒙上了一層厚厚的陰影。嚴復觀察到德國在極為不利的情況下，仍然具有強大的持久力量。在給熊純如的一封信中，他說：「德意志國力之強，固可謂生民以來所未有。」〔註 43〕他很佩服德國，認為：「德之學術，吾所傾服，其獨裁之治，軍國之規，吾亦以為中國所宜師資。至其民之服從上令，勇於公戰，尤吾所驚歎，以謂真有大國之風。」〔註 44〕英國雖然響應了戰爭，但是，戰爭已經顯示了德國的軍事和獨裁政府，使它在戰爭中處於比英國更有利的地位。嚴復據此認為「民主於軍謀最不便。」〔註 45〕英國直到 1916 年雷德佐治組織新內閣時，成立僅五名成員的「戰時小內閣」，所有軍政大計均在此小內閣中討論，然後頒令執行，才極大提高了行政效率。英國政府的這項改革同樣刺激了嚴復的思想，他認為：「鄙人年將七十，暮年觀道，十八、九殆與南海同，以為吾國舊法斷不可厚非，今有一證在此：有如英國

〔註 38〕《嚴復集》，第 218 頁。
〔註 39〕《嚴復集》，第 178 頁。
〔註 40〕《嚴復集》，第 167～168 頁。
〔註 41〕《嚴復集》，第 1252 頁。
〔註 42〕《嚴復集》，第 1242 頁。
〔註 43〕《嚴復集》，第 624～625 頁。
〔註 44〕地雷（嚴復筆名）：《保障共和亦虛語耳》，孫應祥、皮后鋒編：《〈嚴復集〉補編》，福建人民出版社 2004 年版，第 363 頁。
〔註 45〕《嚴復集》，第 660 頁。

自十四軍興以來，內閣實用人才，不拘黨系，足微政黨——吾國歷史所垂成者，至於風雨飄搖之際，決不可行，一也；最後則設立內閣五人，各部長不得列席，此即是前世中書、樞密兩府之制，與夫前清之軍機處矣，二也；英人動機之後，法、俄、意諸協商國，靡然從之。夫人方日蛻化，以吾制為最便，而吾國則效顰學步，取其所唾棄之芻狗而陳之，此不亦大異也耶？」〔註46〕西方文化的普遍意義引起了嚴復的深入思考。在一封信中，嚴復痛苦地表達了傾向於貶低自由價值觀念的思想情緒。在這封信中，他談到世界發生的巨大的急劇變化，這種變化將導致過去被認為是神聖真理之理論的瓦解。「譬如平等、自由、民權諸主義，百年已往，真如第二福音；乃至於今，其弊日見。」〔註47〕嚴復對他信仰的平等自由發生了動搖，甚至絕望：「不佞垂老，親見脂那七年之民國與歐羅巴四年亙古未有之血戰，覺彼族三百年之進化，只做到『利己殺人，寡廉鮮恥』八個字。回觀孔孟之道，真量同大地，澤被寰區。」〔註48〕

三、憲政價值觀的參照體系——孔教

嚴復提出重構孔教，作為憲政的價值觀參照體系，更像是在論證一個國家不能沒有一些共同信仰而存在。孔教可以為中國民眾的「宗教」信仰提供一個憲政價值觀參照體系的中心點，沒有了這個價值觀參照體系，中華民族將不復存在。

嚴復非常信仰儒家的根本精神——「孝」。他曾在駁斥傳教士常說的中國根本無宗教時，用了一個傳教士朋友亞歷山大·宓克的觀點：「孝則中國之真教也。」〔註49〕儒教的核心是孝道，這一觀點在中國不是什麼新見解。但嚴復從中發現了孝道在中國社會所起的作用，相當於基督教在西方社會所起的作用。他認為孝道是一種無所不包的、內在的社會戒律，對於民眾來說尤其是這樣。「百行皆原於此，遠之以事君則為忠，邇之事長則為悌。充類至義，至於享帝配天。」〔註50〕「五倫之中，孔孟所言，無一可背。……事君必不可以不忠。……而為人子者，必不可以不孝。……而男女匹合之別，必不可

〔註46〕《嚴復集》，第662頁。
〔註47〕《嚴復集》，第667頁。
〔註48〕《嚴復集》，第692頁。
〔註49〕《嚴復集》，第850頁。
〔註50〕王蘧常：《嚴幾道年譜》，商務圖書館1936年版，第12頁。

以不嚴。」〔註 51〕

嚴復認為，辛亥革命已經中斷了社會演進的進程，他認為中國當時正處在「宗法社會」向軍國社會的過渡期：「宗法之入軍國社會，當循序漸進，任天演之自然，不宜以人力強為遷變。……」〔註 52〕所以中國無論在制度和文化上都沒有做好共和立憲的準備。

1913 年，嚴復在中央教育會上做了題為《讀經當積極提倡》的演講。

首先，他認為孔教造就了中華民族立足於世界民族之林的特殊國性。「嗟乎諸公！中國之特別國性，所賴以結合二十二行省，五大民族於以成今日莊嚴之民國，以特立於五州之中，不若羅馬、希臘、波斯各天下之雲散煙消，泯然俱亡者，豈非特孔子之教化為之耶！孔子生世去今二千四百餘年，而其教化尚有行於今者，豈非其所刪修之群經，所謂垂空文以昭來世者尚存故耶！」

其次，群經是中國的宗教，有安人心、號召天下的作用，捨此將國將不國。「然則我輩生為中國人民，不可荒經蔑古，固不待深言而可知。蓋不獨教化道德，中國之所以為中國者，以經為之本原。乃至世變大異，革故鼎新之秋，似可以盡反古昔矣；然其宗旨大義，亦必求之於經而有所合，而後反之人心而安，始有以號召天下。即如辛壬以來之事，豈非《易傳》湯武順天應人與《禮運》大同、《孟子》民重君輕諸大義為之依據，而後有民國之發現者耶？顧此尤自大者言之，至於民生風俗日用常行事，其中彝訓格言，尤關至要。舉凡五洲宗教，所稱天而行之教誡哲學，征諸歷史，深權利害之所折衷，吾人求諸《六經》，則大抵皆聖人所早發者。顯而徵之，則有如君子喻義，小人喻利，欲立立人，欲達達人，見義不為無勇，終身可為惟恕。又如孟子之稱性善，嚴義利，與所以為大丈夫之必要，凡皆服膺一言，即為人最貴。今之科學，自是以誠成物之事，吾國欲求進步，固屬不可拋荒。至於人之所以成人，國之所以為國，天下之所以為天下，則捨求群經之中，莫有合者。彼西人之成俗為國，固不必則吾之古，稱吾之先，然其意事必與吾之經法暗合，而後可以利行，可以久大。蓋經之道大而精有如此者。」〔註 53〕

基於上述的認識，嚴復於 1914 年在參議院正式提出《導揚中華民國立國精神議》，建議以政府的主導力量推行孔教，以此作為憲政價值觀的參照體系。

〔註 51〕《嚴復集》，第 168 頁。
〔註 52〕《嚴復集》，第 615 頁。
〔註 53〕《嚴復集》，第 330～331 頁。

「然則我中華民國，處此五洲相見，競爭激烈之秋，必遵何道始足圖存，大可見矣。今夫建邦東亞，號一統者，四千餘年。聚數百兆之民人，有二十餘省諸藩之地，綿綿延延，至今未沫。吾國民祈天永命，尚冀有一日之富強者，夫非忠孝節義之風為之要素歟！稽我先民，艱苦卓絕，蹈義凜然之事，史不絕書。其遺芳流韻，感人之深，後世或形歌咢。西人篤於功利，或疑記述之浮誇，則不如此實為吾民之特性。而後此所恃以為立國精神者，將亦在此。蓋忠之為說，所包甚廣，自人類之有交際，上下左右，皆所必施，而於事國之天職為尤重。不緣帝制之廢，其心德遂以淪也。孝者，隆於報本，得此而後家庭蒙養乃有所施，國民道德發端於此，且為愛國之義所由導源（西字愛國曰：巴特里鄂狄，本於拉丁語之所謂父）。人未有不重其親而能愛其祖國者。節者，主於不撓，主於有制，故民必有此，而後不濫用自由，而可與結合團體。恥詭隨，尚廉恥，不懋不竦，而有以奮發於艱難。至於義，則百行之宜，所以為人格標準，而國民程度之高下視之。但使義之所在，則性命財產皆其所輕。故蹈義之民，視死猶歸，百折不回，前仆後繼，而又澹定從容，審處熟思，絕非感情之用事。」

嚴復認為只有以孔教作為立國精神，立法行之，才對民國大有裨益。「今者幸此四端，久為吾國先民所倡導，流傳久遠，而為普通夫婦所與知。公等以為吾國處今，以建立民彝最亟，誠宜視忠孝節義四者為中華民族之特性。而即以此為立國之精神，導揚漸漬，務使深入人心，常成習慣。文言曰：貞者，事之幹也。必以此四者為之楨幹，夫而後保邦制治之事，得所附以為施。以言其標，則理財而詰戎；以言其本，則立法而厲學。凡茲形式之事，得其君形者存，庶幾齁死入生，而有以達最後之祈響。準斯而行，實於民國大有裨益。」〔註 54〕

四、思想的承上啟下性

值得注意的是，晚年的嚴復雖然還是信奉儒家的精義，但已然不再是郭嵩燾那樣的反法之儒，他曾經那樣痛恨的秦政，在他經歷了第一次世界大戰西方的軍國主義後，居然成了救國的良策：

> 雪恥（指日本向中國提出亡國的 21 條——筆者注）吐氣，固亦有日，然非痛除積習不能，蓋雪恥必出於戰，戰必資器，器必資

〔註 54〕《嚴復集》，第 343～344 頁。

學，又必資財，吾人學術既不能發達，而於公中之財，人人皆有巧偷豪奪之私，如是而增國民擔負，誰復甘之？即使吾為國家畫一奇策，可得萬萬之貲，以為擴張軍實之用，而亦不勝當事之貪情慾望，夫如是則又廢矣。草衣木食，潛謀革命，則痛哭流涕，訾政府為窮兇極惡，一旦竊柄自雄，則捨聲色貨利，別無所營，平日愛國主義不知何往，以如是之國民，雖為強者奴隸，豈不幸哉？是故居今而言救亡，學惟申韓，庶幾可用，除卻綜名核實，豈有他途可行。賢者試觀歷史，無論中外古今，其稍獲強效，何一非任法者耶？管商尚矣；他若趙奢、吳起、王猛、諸葛、漢宣、唐太，皆略知法意而效亦隨之；至其他亡弱之君，大抵皆良懦者。今大總統雄姿蓋世，國人殆無其儔，顧吾所心憾不足者，特其人忒多情，而不能以理法自勝耳。〔註 55〕

嚴復此時的言論，與當初那般渴慕西方民主，天下為公價值的嚴復形成了多麼強烈的反比！這彷彿是一道令人難以置信的謎題。一位畢生致力於「自由為體，民主為用」的偉大思想者，到頭來卻發出「以如是之國民，雖為強者奴隸，豈不幸哉」；「學惟申韓，庶幾可用」的弔詭之論！追隨嚴復思想軌跡，依然逃不掉優勝劣汰的窠臼：他看到德國的軍國主義在一戰中強大而持久的力量，佩服之情溢於言表，竟然丟掉了民主的理想，主張讓中國學習德國的軍國主義。他的這個思想軌跡亦重疊於近代中國憲政思潮的演進趨勢中。正如秦暉在《儒家的命運》一文中指出的，在抗日戰爭以前，軍國主義還不是一個貶義詞，在清末至五四時期，它是一個褒義詞。因為人們看到日本通過明治維新成功了，在當時的人們看來，簡直就是在西方影響下的一場周秦之變！再反觀中國，在戊戌以後民族危機日益深化，這就產生了一個很奇怪的現象：法家成了和西學兼容的東西。他們認為西方就是軍國社會，法家可以讓中國改變文質彬彬的民族面貌，其中章太炎、魯迅都有這樣的特點。郭嵩燾那一代人對西方的印象是禮儀之邦，大道之世，但到了陳獨秀這個時代，反而認為中國太文弱了，要學習西方的軍國主義。兩代人都要學習西方，但是學習的內容竟然完全不同。〔註 56〕

〔註 55〕《嚴復集》，第 620 頁。

〔註 56〕參見秦暉：《儒家的命運》，網址：https://mp.weixin.qq.com/s/FfaipwRIQMslk4C4npLu6Q，最後訪問日期 2017 年 12 月 4 日。

嚴復正好處在郭嵩燾和陳獨秀兩代人之間。陳獨秀批判尊孔讀經，卻推崇法家。〔註 57〕陳獨秀受嚴復進化論的影響，和嚴復一樣都在渴盼一個能救中國脫離苦難的鐵腕人物，建立強人專制。

〔註 57〕陳獨秀在《憲法與孔教》一文中認為「法家非人治」，載 1916 年 11 月 1 日《新青年》第 2 卷第 3 號。

第六章　法律思想的影響

第一節　西學第一者

一、經世致用的譯著

嚴復所處的時代是一個內外交困，知識界亟待從西學中找到治世良藥的近代中國社會。嚴復深深感到必須引進西學變革傳統的內在壓力，所以他在選擇西方著作時更多體現了這種經世致用的目的，而不是近代中國文化內部自身演化的必然結果。梁啟超指出當時的西學譯著「皆所謂『梁啟超式』的輸入，皆無組織、無選擇、本末不具，派別不明，惟以多為貴。」〔註 1〕胡適進一步指出：「當時的譯書事業的範圍並不甚廣。第一類是宗教的書，最重要的是《舊約全書》的各種譯本。第二類為科學和應用科學的書，當時稱為格致的書。第三類為歷史、政治、法制的書，如《泰西新史攬要》、《萬國公法》等書。……此外的書籍，如文學的書，如哲學的書，在當時還沒有人注意。」〔註 2〕洋務運動的技術專家們考察社會的角度都是從實用的技術層面去衡量，缺乏超越此層面的理性反思和批判。

嚴復有很強的西學功底，他認識到西方的技術和制度僅僅是淺層次的，它們後面的哲學才是西學的根本。嚴復在 1896 年翻譯《天演論》，在自序中說：

〔註 1〕梁啟超：《清代學術概論》，中華書局 2010 年版，第 146 頁。

〔註 2〕胡適：《五十年來中國之文學》，載「民國叢書」《胡適文存二集》卷二，上海書店據亞東圖書館 1928 年版影印，第 114 頁。

> ……風氣漸通，士知弇陋為恥；西學之事，問塗日多。然亦有一二鉅子，訑然謂彼之所精，不外象形下之末；彼之所務，不越功利之間。逞臆為談，不咨其實。討論國聞，審敵自鏡之道，又斷斷乎不如是也……〔註 3〕

正是秉持這樣的翻譯理念，嚴復謹慎挑選西學著作，期待以西方的哲學和思維方式喚醒知識分子，為後一代知識分子的培植提供思想養料。對此，梁啟超評價說：「時獨有侯官嚴復，先後譯赫胥黎《天演論》，斯密亞丹《原富》，穆勒約翰《名學》、《群己權界論》，孟德斯鳩《法意》，斯賓塞《群學肄言》等數種，皆名著也。雖半屬舊籍，去時勢頗遠，然西洋留學生與本國思想界發生關係者，復其首也。」〔註 4〕蔡元培亦評價道：「五十年來（指 1873～1923，筆者注）介紹西洋哲學的，要推侯官嚴復為第一。」〔註 5〕

對於西學著作的選擇，嚴復考慮的是：「一曰開瀹民智，不主故常；二曰敦崇樸學，以棣貧弱；三曰借鑒他山，力求進步；四曰正名定義，以杜龐雜。」〔註 6〕從 1896 年至 1908 年，反覆譯著了著名的「嚴譯八種」。這些譯著大多是西方學術名著。嚴復最佩服的，是斯賓塞的群學。他在《群學肄言》的自序中說：「其書……飭戒學者以誠心正意之不易，既已深切著明。而於操枋者一建白措注之間，輒為之窮事變，極末流，使功名之徒，失步變色，俛焉知格物致知之不容已。乃竊念近者吾國以世變之殷凡，吾民前者所造因皆將於此食其報，而淺譾剽疾之士，不悟其所從來如是之大且久也。輒攘臂疾走，謂以旦暮之更張，將可以起衰，而以與勝我抗也。不能得。又搪撞號呼，欲率一世之人，與盲進以為破壞之事。顧破壞宜矣，而所建設者，又未必其果有合也，則何如稍審重而先咨於學之為愈乎。」〔註 7〕可見他的經世目的。因此蔡元培評價說：「嚴氏每譯一本，必有一番用意。譯得很慎重。」〔註 8〕這八部譯著，隱含了中國古代文化傳統中缺乏的人文社會科學的知識範疇，構建了一個相當完整的西方人文社科知識系統。李澤厚高度肯定了嚴譯價值，自此以後，「人們就不必再去

〔註 3〕赫胥黎著，嚴復譯《天演論》，自序，北京時代華文書局 2014 年版。

〔註 4〕梁啟超：《清代學術概論》，中華書局 2010 年版，第 146～147 頁。

〔註 5〕蔡元培：《介紹西洋哲學要推嚴復為第一》，載朱修春主編：《嚴復學術檔案》，武漢大學出版社 2015 年版，第 70 頁。

〔註 6〕《嚴復集》，第 130 頁。

〔註 7〕斯賓塞著，嚴復譯《群學肄言》，自序，北京時代華文書局 2014 年版。

〔註 8〕蔡元培：《介紹西洋哲學要推嚴復為第一》，載朱修春主編：《嚴復學術檔案》，武漢大學出版社 2015 年版，第 71 頁。

從那些《汽機問答》、《格致彙編》等自然科學或工藝技術的課本中，也不必再去那些《泰西新史攬要》、《政法類典》之類的單純的政法史地的記述譯作中，來費盡心思地學習研究、揣摩推測西方資本主義的道理和情況了。（在這以前，許多人正是這樣去學習和瞭解的，如康、譚等人建立自己的思想體系也只得如此。）」〔註 9〕這就是說嚴復一人所譯的八部著作的價值遠遠超過洋務運動三十年間所翻譯和介紹的全部作品的價值。〔註 10〕

二、嚴復譯著的影響

嚴復譯著對於中國近代知識界影響非常廣泛，他不僅深深影響了同時代的知識分子如梁啟超，還為後代知識分子的成長提供了豐富的養料。以《天演論》為例，胡適回憶說：

> 《天演論》出版之後，不上幾年，便風行到全國，竟做了中學生的讀物了。……在中國屢次戰敗之後，在庚子辛丑大恥辱之後，這個「優勝劣敗，適者生存」的公式確是一種當頭棒喝，給了無數人一種絕大的刺激。幾年之中，這種思想像野火一樣，延燒著許多少年人的心和血，「天演」、「物競」、「淘汰」、「天擇」等等術語，都漸漸成了報紙文章的熟語，漸漸成了一般愛國志士的「口頭禪」。〔註 11〕

胡適的文字已反映出《天演論》對社會的影響堪稱盛況空前。

嚴復譯著的影響亦可以通過其他的視闕，如成就了商務印書館來體現。商務印書館在 2017 年創辦 120 年之際，總結到：正是嚴復和林紓的譯著成就了今天的商務印書館。〔註 12〕商務印書館能夠成為現代中國文化的重鎮，與 1903 年張元濟隆重推出嚴復的《天演論》和林紓的翻譯作品是分不開的（因本文研究的是嚴復，所以對林紓的譯著不再贅言）。張元濟與嚴復是至交，他

〔註 9〕李澤厚：《論嚴復》，載商務印書館編輯部：《論嚴復與嚴譯名著》，商務印書館 1982 年，第 128 頁。

〔註 10〕參考李廣榮：《嚴復譯著：近代中國知識分子公共性之構建》，載《山西師大學報（社會科學報）》2010 年 1 月，第 37 卷第 1 期，第 112～116 頁。和俞政：《嚴復譯著的社會影響》，載《東南學術》2004 年第 3 期，第 67～74 頁。

〔註 11〕胡適著，海星編：《四十自述》，海天出版社 1992 年版，第 52 頁。

〔註 12〕參見陳思和：《嚴譯林譯，功莫大焉——寫於商務印書館創辦 120 年之際》，網址：http://history.gmw.cn/2017-04/08/content_24159211.htm，最後訪問時間 2018 年 3 月 13 日。

們倆志趣相投，都希望通過引進西學啟發民智。張元濟曾去信同嚴復商量：「門類以政治、法律、理財、商務為斷，選書最難，有何良策？」嚴復回覆說：「選書固無難事，公如訪我，尚能開列一單。」〔註 13〕後來嚴復與張元濟合作，嚴復譯書，張元濟出書，嚴復譯著幾乎都是由張元濟先後主持的南洋公學譯書院和商務印書館發行的。

1902 年張元濟出任商務印書館編譯所所長，繼續與嚴復合作。繼 1903 年出版的《天演論》後，商務印書館陸續出版了嚴譯的《原富》、《群學肄言》、《法意》等八部作品，全面介紹了西方的人文社會科學，開創了中國近代學術史上的新紀元，使商務印書館從一個印書作坊發展成為中國近代史上最具影響力的出版企業。「商務出版嚴譯系列，則是在更高層面的知識更新、教育更新和學科更新，奠定了重要基礎，功莫大焉」，嚴復的「『成聖』過程，正是商務印書館來擔綱完成的。」〔註 14〕商務印書館因結緣嚴復而迅速做大，足見嚴復譯著對近代中國社會產生的廣泛而深刻的影響。

綜上可見，正是嚴復的譯著，奠定了嚴復在中國近代思想史上的重要地位，康有為稱嚴復為近代中國「西學第一者」〔註 15〕，是當之無愧的。

第二節　對維新派的影響

一、大同書與進化論

在梁啟超給嚴復的一封信裏（可能寫於 1897 年春），梁啟超首次表明他曾經拜讀過嚴復在前年秋天翻譯完成的《天演論》。嚴復顯然曾經把一份手稿抄本寄給梁啟超，而梁啟超又向自己的老師康有為以及他的同窗摯友夏曾佑展示了手稿。梁啟超說，三人都為之深深震動。夏曾佑向嚴復表達了「不可言喻」的欽佩，而康有為「亦謂眼中未見此等人」。〔註 16〕康有為對嚴復極為

〔註 13〕《嚴復集》，第 528 頁。

〔註 14〕參見陳思和：《嚴譯林譯，功莫大焉——寫於商務印書館創辦 120 年之際》，網址：http://history.gmw.cn/2017-04/08/content_24159211.htm，最後訪問時間 2018 年 3 月 13 日。

〔註 15〕康有為：《與張之洞書》，轉引自陳慧道：《康有為〈大同書〉研究》，廣東人民出版社 1994 年版，第 465 頁。

〔註 16〕梁啟超：《與嚴幼陵先生書》，《飲冰室合集．專集》之 1，第 110 頁。中華書局 1989 年版。

稱讚，認為他「譯《天演論》，為中國西學第一者也。」〔註17〕

對於康有為《大同書》的成書年代，我國學者從本世紀50年代開始，直到現在，仍然存在各種不同的看法。陳永正認為：「1902年，康有為在印度大吉嶺寫成他的重要著作《大同書》。《大同書》的構思始於1884年，歷時17年才定稿，可見這是作者的精心傑作。」〔註18〕康有為寫成《大同書》手稿時，心情非常興奮，曾作詩「大同猶有道，吾欲度生民；廿年抱宏願，卅卷告成書。」對這兩句，梁啟超寫了以下案語：「先生演《禮運》大同之意，始終其條理，折衷群聖，立為教說，拯厥濁世。二十年前，略授口說於門弟子。辛丑、壬寅間，避地印度，乃著為成書。啟超屢乞付印，先生以今方為國競之世，未許也。」〔註19〕與陳永正的觀點相互契合。

《大同書》明顯受到了進化論的影響。康有為在《大同書》中仔細闡述了人是如何自猿猴演進而來的進化階段：〔註20〕

第一，為早期人類進化階段。在太谷未知火化以前，「獸類進化展轉為人。」〔註21〕人的基本特徵表現為圓首方足，形貌相同。耳朵、眼睛、嘴巴、腿腳，是人人都具有的器官：視、聽、言、行，是人人皆享有的功能，繼而，「太古之野人，甫離獸身，狉狉榛榛」；此時人種尚未分化，「全地如一而無差等。」〔註22〕其生活習性為茹血、衣皮、穴處、巢居，即「薰鼠以食，雜臥於地，牛豕同藉，日曬糞蒸，面黑如臘，穴處巢棲，結繩為識，刳全木以為舟，取魚蝦以生食。」〔註23〕對於早期人類，康有為評價說，雖然人類有了進化，但其性情與犬羊相去不遠，且生命朝夕不保。

第二，為現代人進化階段。「不為邊僻洞穴生番獠蠻之人而為數千年文明國土之人。」〔註24〕人類在心智性情方面智多而思深，慮遠而計久；並且喜群而

〔註17〕康有為：《與張之洞書》，轉引自陳慧道：《康有為〈大同書〉研究》，廣東人民出版社1994年版，第465頁。

〔註18〕陳永正編注：《康有為詩文選》，廣東人民出版社1983年版，第271頁。

〔註19〕參見《南海先生詩集》卷一，《延香老屋詩集》，上海廣智書局1911年版，第1頁。

〔註20〕參見陳家彤：《康有為〈大同書〉的進化論思想》，劉善章、劉忠世主編：《康有為研究論集》，青島出版社1998年版，第103～115頁。

〔註21〕康有為：《大同書》，古籍出版社，1956年版，第279頁。

〔註22〕康有為：《大同書》，古籍出版社，1956年版，第10頁。

〔註23〕康有為：《大同書》，古籍出版社1956年版，第14～15頁。

〔註24〕康有為：《大同書》，古籍出版社1956年版，第4頁。

惡獨，相扶而相植，這些闡明了人的各種社會習性。康有為還認為智力的發展是人類進化的動力之一：「人能橫六合，經萬劫，澄神明，成聖哲者，皆智之力也。」〔註25〕並進一步從本質上指出人獸之異不在於形態，而應以智愚為標準。智力漸進與飛躍結合的發展，從而使人類在根本上脫離野蠻而異於禽獸。

第三，現代人類出現人種的分化。究其形成原因，康有為認為此乃「優勝劣敗之理而先後傾覆，以迄于今，存者則歐洲之白種，亞洲之黃種，非洲之黑種，太平洋、南洋各島之棕色種焉。」〔註26〕棕色人種和黑色人種在智力上、體質上與白色人種和黃色人種存在較大的差異，所以白種人很強大且居於優勝的地位，黃種人的人數很多並且充滿智慧。但是不可能因為進化的已成局面就消滅掉棕色人種和黑人。只有通過大同的方法，讓全世界的人都變成一個樣子。他設想，當人類社會慢慢發展到大同世界以後，由於人類各種族的不斷進化，大同公政府又採取「遷地之法」，把居住在熱帶的黑人都移居加拿大，南美、巴西的南部，改變他們的地理環境，同時採取其他措施，加上大同世界有很好的物質條件，人們服食既美，教化既同，因此形貌亦改。「經大同後，行化千年，全地人種，顏色同一，狀貌同一，長短同一，靈明同一，是為人種大同，合同而化，其在千年乎！當是時也，全世界人皆美好，由今觀之，望若神仙矣。」〔註27〕

康有為因目睹殘忍現實生活中「專制不除」、「奴隸不絕」、「婦女之禁」而感概萬分：「夫人類之生……實為平等，豈可妄分流品，而有所擯斥哉！」〔註28〕據此，康有為以據亂世、升平世、太平世之分設計了人類進化表。〔註29〕以臻人類無種族、無階級、無等級、職業平等、男女平等的美好理想。他說：「數百年後，民權日盛，各國之為民主日多，必從美國之例，世爵亦除而禁之，視為叛逆矣。天演之哲學日明，耶、佛、回教日少日弱，新教日出，大僧日少而日衰，久必化為平等矣。各國既盡改為民主統領，亦無帝王，亦無君主，自無皇族，不待平而已平，男女之權又已獨立。至於是時也，全世界人類盡為平等，則太平之效漸著矣。」〔註30〕在個人進化方面，建議重視

〔註25〕康有為：《大同書》，古籍出版社1956年版，第36頁。
〔註26〕康有為：《大同書》，古籍出版社1956年版，第117頁。
〔註27〕康有為：《大同書》，古籍出版社1956年版，第116頁。
〔註28〕康有為：《大同書》，古籍出版社1956年版，第110頁。
〔註29〕康有為：《大同書》，古籍出版社1956年版，第122～125頁。
〔註30〕康有為：《大同書》，古籍出版社1956年版，第114頁。

開發智力之道，並懸賞以資鼓勵；在公眾進化方面，提倡公政府之民部對日新進上者贈予徽章，公開嘉獎其公民，於是「全地人道日見進公而不患退化矣。」〔註31〕

二、辛亥革命前嚴復對梁啟超的影響

1896年7月，梁啟超與汪康年等人在上海創辦《時務報》，遠在天津的嚴復對此報寄予厚望，立即「寄上匯票百元」，〔註32〕以示支持。十月，嚴復將所著《原強》、《闢韓》及《天演論》的初譯稿寄給梁啟超。〔註33〕梁啟超看後便將《闢韓》一文重新發表在《時務報》第23冊（光緒二十三年三月三十日出版）內。此後，二人書信往來頻繁，經常交流各自思想。

嚴復翻譯的《天演論》，對梁啟超的影響很大。此書早在1895年就有了陝西味經售書處重刊的本子，〔註34〕梁啟超卻沒有得見，故直接向譯者借抄原稿，1896年10月，嚴復將原稿寄來。梁啟超看了《天演論》後，〔註35〕思想頗受觸動。光緒二十三年二月，梁啟超致信嚴復，請教究竟是以民主抑或君主來解決中國當時的社會問題，對於斯賓塞之學，尤表「垂涎」。〔註36〕後來他撰寫的《新民說》，不僅使用了「麼匿」（個人）和「拓都」（團體）兩個重要名詞，而且此文的主要前提國民品質決定國家的品質，亦是經由嚴復轉譯過來的斯賓塞的觀點。在寫給康有為的一份信裏，梁啟超稱讚嚴復道：「此人之學實精深，彼書中言，有感動超之腦氣筋者。」〔註37〕梁啟超讀了嚴復《天演論》後思想上的變化，從《說群序》中可見一端。在這篇序言裏，作者寫道：「既乃得侯官嚴君復之治功《天演論》，……讀之犁然有當於其心。」〔註38〕乃外依其書，證以事實，作《說群》10篇（實際上僅成1篇）。梁啟超在此後所寫的文章裏，經常提到「生存競爭」、「優勝劣敗」，並將它們當做「自

〔註31〕康有為：《大同書》，古籍出版社1956年版，第274頁。
〔註32〕《嚴復集》，第505頁。
〔註33〕嚴復：《與梁啟超書》，《嚴復集》，第514～515頁。
〔註34〕《嚴復集》，第1317頁「編者按語」。
〔註35〕《天演論・譯例言》，《嚴復集》第1323頁。
〔註36〕梁啟超：《與嚴幼陵先生書》，《飲冰室合集・專集》之1，第110頁。中華書局1989年版。
〔註37〕丁文江、趙豐田編：《梁啟超年譜長編》，上海人民出版社1983年版，第77頁。
〔註38〕梁啟超：《說群序》，《飲冰室合集・專集》之2，第3頁。中華書局1989年版。

然之勢」，〔註 39〕顯然是受到《天演論》影響的明證。不僅如此，《天演論》裏所宣揚的進化論思想還深入到梁啟超的靈魂之中，成為其思想行動的依據，如他將歷史定義為「敘述人群進化之現象而求得其公理公例者也」，〔註 40〕如此等等，不勝枚舉。〔註 41〕在辛亥革命前，梁啟超同康有為和嚴復的主張一樣，都要求實行君主立憲。

三、戊戌變法

正是在進化論的引導下，康梁接受了嚴復君主立憲的理論，發動了戊戌政變。但是，1898 年改革的內容似乎比康有為的主張要薄弱得多，特別是康有為所倡導的民權和議院在 1898 年的改革運動中並沒有被發現。暫時不談這些是康有為的戰略，因為他對 1898 年戊戌維新時期的光緒寄予厚望。當時的君主制太弱，而不是太強。如果說民權立即開放，恐怕會削弱君主制度，所以他要強調君主權力，希望光緒像彼得大帝、明治天皇那樣，發動成功的改革。一旦改革成功，君主立憲成功，國會勢必要舉行，民權就會實現。

同嚴復一樣，康有為也反對八股。他認為八股是改革的一大障礙。只會八股的人根本不能應付時事。更甚的是，八股是中國落後的原因。通過八股取士的官員對新政一竅不通，更別說有效的執行了。果然，光緒帝下詔廢止了八股，鄉會試和童歲、科考試。改考歷史、政治、時務等知識的策論。

廢除八股之後，康有為將重點放在新式學校上，引進西方的學科代替傳統的經史教育。他鼓勵翻譯外文書籍和出國留學。鑒於國家資源有限，他還提議鼓勵私立學校。根據康有為的意見，國會的開放是現代國家所必需的，新學校是興議院的必經之路。在短短的一百多天內，光緒是不能完全實現康有為的主張的。然而在這麼短的時間裏，光緒皇帝多次下詔，內容和康有為的改革方法很多是一樣的，這一點是很明顯的。〔註 42〕

可見，雖然當時嚴復不贊同康、梁維護孔教的主張，但戊戌變法的大部

〔註 39〕梁啟超：《自由書·論強權》，《飲冰室合集·專集》之 2，第 29、32 頁。中華書局 1989 年版。

〔註 40〕梁啟超：《新史學》，《飲冰室合集·專集》之 9，第 10 頁。中華書局 1989 年版。

〔註 41〕參見陳鵬鳴：《梁啟超學術思想評傳》，北京圖書館出版社 1999 年版，第 130～131 頁。

〔註 42〕參見汪榮祖：《康有為論》，中華書局 2006 年版，第 79～81 頁。

分主張如君主立憲、興民權、開民智、廢八股、設議院等與嚴復是一致的。

第三節　對立憲派的影響

一、立憲派的指導者梁啟超

立憲派是以君主立憲為共同理想，採取一致行動，爭取實現憲政的一個團體。但是立憲派不能被視為一個現代而嚴格的黨組織，而是具有一個政黨性質的團體。立憲派的起源應該追溯到戊戌維新運動，但是康有為的維新計劃在短短的百日內不可能實現，他的立憲觀念也不甚清楚。以其在野之身，偶然躋進官場，結合的同志即少，組織又極為薄弱，所以只能說他是立憲思想的播種者和立憲派的萌芽。康有為失敗之後，領導地位由他的弟子梁啟超取而代之。〔註 43〕

梁啟超在日本辦的報紙，前後共有三個名字。從 1898 年 10 月到 1901 年叫《清議報》，1902 年以後叫《新民叢報》，1910 年以後叫《國風報》。若就他的思想議論在敘述上的價值說，自然是後勝於前，但就他在中國政治社會上所發生的影響來講，卻是在《清議報》和 1902～1903 年間的《新民叢報》時代。這時代的梁啟超，可算是言論屆的驕子。報館雖在日本，影響卻及於中國的知識分子，並且非常大。因為 1898 年的政變之後，國內新生的言論機關都被禁止了。日本留學生在 1899～1900 年間也經營了各種報刊，以傳播介紹西學，但均不能持久，唯獨梁啟超的《清議報》維持了三年多。《新民叢報》的生命更長。這是梁啟超影響較大的一個原因。其次，正如嚴復所說「梁任公筆下大有魔力，而實有左右社會之能」，〔註 44〕當時一般的言論家根本就比不上他，梁的筆端恒帶情感，最易激動讀者的心弦。到 1901 年科舉程序改變，廢棄八股，改用策論後，國內一班應考的秀才童生們，突然就失去了向來揣摩應考的工具，《清議報》和《新民叢報》就變成了他們的《小題文府》、《三山合稿》了。政府雖然禁止，但是在國內仍然暢銷。這是梁啟超影響較大的又一原因。再其次，梁啟超在這時期所發的議論，大致都是趨向並著重於打破現狀的議論，被當時的知識分子視為救世的良藥。梁啟超的《清議報》和 1902～1903 年間的《新民叢報》就是運用上述這種策略的。經過戊戌政變失

〔註 43〕參見張明園：《立憲派與辛亥革命》，上海三聯書店 2013 年版，第 8～9 頁。
〔註 44〕《嚴復集》，第 645 頁。

敗後的大苦痛後，知識界的有識之士都有打破現狀的潛意識在心裏，一有機會就會爆發出來，遇到像梁啟超那種聲音激越的文字，沒有不支持不投袂而起的。這是梁啟超影響較大的又一原因。總述上面三個原因，梁啟超在此時期內，就開始執言論運動界的牛耳了。〔註 45〕

1899 年，梁啟超發表《各國憲法異同論》，簡略介紹各國憲法及其異同。1900 年，梁啟超再發表《立憲法議》，〔註 46〕正式提出中國應實行立憲制度。梁啟超把世界各國的政體分為三種，即君主專制政體、君主立憲政體、民主立憲政體。他認為君主專制政體和民主立憲政體都有難以克服的弊病，而君主立憲是最好的政體。「民主立憲政體，其施政之方略，變易太數，選舉總統時，競爭太烈，於國家幸福，未嘗不間有阻力。君主專制政體，朝廷之視民如草芥，而其防之如盜賊；民之畏朝廷如獄吏，而其嫉之如仇讎，故其民極苦，而其君與大臣亦極危。如彼俄羅斯者，雖有虎狼之威於一時，而其國中實杌隉而不可終日也。是故君主立憲者，政體之最良者也。地球各國既行之而有效，而按之中國歷古之風俗，與今日之時勢，又採之而無弊者也。」至於實行憲政的次序，他提出：1. 首先明確宣告實行君主立憲的宗旨；2. 派重臣到各國考察憲政、法律，以一年為期；3. 考察大臣回國後，開設立法局，負責起草憲法；4. 將憲法草案廣泛徵求各方意見，五年或十年後頒布；定二十年預備期。到此，國人才可以在較為完整的意義上提出和闡釋君主立憲。〔註 47〕

1906 年梁啟超在《新民叢報》上刊出《開明專制論》，進一步提出了他的立憲主張。這是一篇一石二鳥的文章，一方面他要否定革命論，另一方面又要敦促清廷改革。他的理論極為巧妙，在瓜分危機重重的當時，中國不宜革命；革命必使動亂發生，予列強可乘之機。然中國亦不宜驟然立憲，蓋立憲需要條件，在人民程度尚未「及格」之前，驟然行憲，「徒致紛擾而已。」所以應當採行開明專制，作為立憲預備的基礎。〔註 48〕

梁啟超的開明專制著眼於民智的啟發，君主的開明。他認為中國必須採

〔註 45〕參見李劍農：《戊戌以後三十年中國政治史》，中華書局 1965 年版，第 38～40 頁。

〔註 46〕《立憲法議》，載《飲冰室合集．專集》之五，中華書局 1989 年版，第 1～7 頁。

〔註 47〕參見遲雲飛：《清末預備立憲研究》，中國社會科學出版社 2013 年版，第 33～34 頁。

〔註 48〕梁啟超：《開明專制論》，《新民叢報》，第 4 年第 3 號，第 10～11 頁。

行立憲，但在立憲之前，必須有一段開明專制時期，為君者可以繼續專制，但態度應該趨向開明。一面改進施政機關，提高行政效率；一面廣設學校，培養民智，使人民能行使民權，如此便可建立立憲的基礎。所以他說：「開明專制者，實立憲之過渡也，立憲之預備也。」〔註49〕又說：「今日中國當以開明專制為立憲之預備」，「當以政治革命為究竟主義。」〔註50〕

但是1906年以後，梁啟超又放棄了開明專制論，而要求從速召開國會。〔註51〕梁啟超指出，「十年前主張變法維新，濬發民智，開今日憲政之幕者」，是民間的人士；「十年以來主持全國風氣，矯正輿論，發揚國光，以維持國家權利者」，是民間的人士；「吸納世界知識，研求專門學問，吐憲政之精華，握改革之樞紐者」，也是民間的人士。〔註52〕民間智慧漸開，即以資政院及諮議局的選舉而言，於千萬人中擇其少數有程度者畀以選舉權，又於千萬人中擇其少數有程度者畀以被選舉權，「又何有人民程度不足之慮耶？」梁啟超認為「今議員即四民之秀者。」各省議員「處之裕如，各有條不紊」，「夫一省議員既能運用一省之議會，而謂一國議員不能運用一國之議會，吾不知其界限何在？」〔註53〕於是他否定了前此自認人民程度不及格之說。〔註54〕

二、立憲派的組織者鄭孝胥

有了理想，進一步需要組織。早在1906年，民間已有立憲運動團體出現，以鄭孝胥、為會長，張謇等為副會長的預備立憲公會於1906年12月16日在上海成立。這是清政府正式宣布預備立憲後，在清政府第一個成立，也是歷史最悠久，影響最大的立憲團體。如果要討論中國的立憲團體，就應當從預備立憲公會始，有些評論甚至認為預備立憲公會是中國立憲運動起始的地方。〔註55〕

〔註49〕梁啟超：《開明專制論》，《新民叢報》，第4年第3號，第11頁。

〔註50〕梁啟超：《答某報第四號對本報之駁論》，《新民叢報》，第4年第7號，第66頁。

〔註51〕1906年6月之前，梁啟超的立憲論以勸告清政府實行開明專制為主，六月以後漸萌及時立憲之意。前者以《開明專制論》、《答某報第四號對本報之駁論》等文為主，後者則以《日本預備立憲時代之人民》及《雜答某報》等文為主。《新民叢報》停刊後，《政論》及《國風報》繼起，均為積極之要求立憲論。

〔註52〕梁啟超：《國會請願同志意見書》，《國風報》，第1年9期，第69～84頁。

〔註53〕梁啟超：《國會請願同志意見書》，《國風報》，第1年9期，第69～84頁。

〔註54〕參見張明園：《立憲派與辛亥革命》，上海三聯書店2013年版，第36～38頁。

〔註55〕參見徐爽：《舊王朝與新制度——清末立憲改革（1901～1911）紀事》，法律出版社2010年版，第117～118頁。

預備立憲公會會長鄭孝胥和嚴復是多年的朋友。他和嚴復是同鄉。他們於 1885 年 6 月在天津會面，並成為朋友。嚴復陪著母親回到家鄉福建，參加鄉試，孩子沒人照顧，鄭孝胥就幫忙照顧。鄭孝胥到日本，到武漢，跑來跑去，回到天津就會去看嚴復。1897 年，《時務報》轉載了一篇嚴復《闢韓》的文章，張之洞閱完後非常厭惡嚴復，居然動了殺心。嚴復幾乎遭殃，還多虧了鄭孝胥多方奔走，嚴復才得以獲救。戊戌變法時期，鄭孝胥、嚴復經常在一起討論切磋問題，又幾乎同時被光緒帝召見。

嚴復翻譯的每本書，鄭孝胥都會閱讀。嚴復的《原富》發表後，為了廣泛宣傳，他曾經買了十本送朋友。他們兩個一起在上海的時候，經常喝酒，互相切磋，兩人的日記都記錄下了這些友誼。他們都是立憲運動的積極鼓動者。〔註 56〕

預備立憲公會在上海成立之後，鄭孝胥等在請求民政部備案的公文中表示成立公會的首要目的就在於立憲：「竊孝胥等寄居滬上交通四達之區，商工輻集，時受外界之激刺，悲憂日積，群相唔唔，每至流涕，愚者千慮，皆謂非實行立憲，無以救危亡。」第二就是為了防止革命：「近數月來，倡導之法漸可推行，並聞革命風聲遠近哄起。孝胥等愚昧，一味天下希望立憲之良民多於鼓吹革命之亂黨，何啻千倍。但希望立憲者多和平，和平故隱而不彰。鼓吹革命者暴烈，暴烈故喧囂而易動，流風所煽，世患方滋。故為大局計，正宜利用多數希望立憲之人心，以陰消少數革命之氣。」〔註 57〕

成立後的預備立憲公會，其成員遍布全國各地，在晚清政治、學術、商業等各個領域，都可謂有相當雄厚的實力。各省的立憲派紛紛報名參加預備立憲公會。鄭孝胥的日記中，多次提到新會員入會的情況。〔註 58〕

有了言論和組織後就是行動。1908 年 4～5 月，鄭孝胥在預備立憲公會上提議速開國會。他在致清廷憲政編查館的電報中闡明了速開國會的主張：「近日各省人民請開國會者相繼而起，樞官將以六年為限，眾情疑懼，以為太緩……決開國會，以二年為限，庶民氣團結，並力兼營。」〔註 59〕鄭孝胥希

〔註 56〕參見李新宇：《嚴復的朋友們（一）：鄭孝胥》，載《名作欣賞》2010 年 7 月，第 29～31 頁。

〔註 57〕以上均見中國第二歷史檔案館編：《民國檔案史料彙編》第 1 輯，江蘇古籍出版社，1957 年版，第 100～101 頁。

〔註 58〕參見勞祖德整理：《鄭孝胥日記》，中華書局 1993 年版，第 1074、1081、1112 頁。

〔註 59〕參見勞祖德整理：《鄭孝胥日記》，中華書局 1993 年版，第 1149 頁。

望清政府在兩年內召開國會，清政府面對各省的請願活動，迫於形勢，頒布了《議院法》、《選舉法》，要求各省迅速籌辦諮議局。隨後頒布了《欽定憲法大綱》，宣布的預備立憲期限為九年。〔註 60〕

江蘇諮議局在 1909 年 8 月正式成立，張謇當選為議長。召開國會的請願活動再次啟動。12 月，來自 16 個省的諮議局的 50 多名代表在聚集上海的預備立憲公會，組成國會請願代表團，前往北京向清政府請願。鄭孝胥、張謇等積極組織參與請願活動。國會請願代表團於 1910 年 1 月 20 日到達北京，向都察院提交了請願書，聲稱開國會和建立一個負責任的內閣將大大有利於本國的內政、外交和君權。他們要求清政府在一年內召開議會，組成責任內閣。然而清廷拒絕了提前召開國會的要求。

1910 年 6 月 16 日預備立憲公會發起了第三次國會請願活動。雖然鄭孝胥在 1910 年 1 月後辭去了會長職務，但他仍然擔任公會董事，是公會的核心人物。辭去會長一職後，他到東北幫辦錦瑷鐵路。鄭孝胥積極參與了東三省諮議局的國會請願活動。他說服東三省總督錫良贊同立憲，還幫東三省諮議局疏通與錫良的關係，以便諮議局速開國會的呈請能上達清政府。為了清楚表達速開國會的願望，鄭孝胥還親自為東三省諮議局草擬了速開國會的呈稿。

1910 年 9 月資政院開議前後，請願運動進入最高潮。第四次請願運動聲勢很大，有多至十起的上書團體。在鄭孝胥的影響和錫良等督撫的率領下，1910 年 10 月 25 日，18 個省的督撫聯合致電軍機處要求立即組建內閣，來年召開國會。11 月 11 日（中國曆是九月三十日）下午，錫良給鄭孝胥看了山西巡撫丁寶詮的來電，他與錫良協商一起致電軍機處，爭取同時成立內閣和國會。時間緊急，鄭孝胥看完後就替錫良擬寫電文。鄭孝胥將電文寄給孟昭常時說：「先立內閣，緩開國會之事已急，此真最後十五分鐘矣。我將挾各督撫之力，為國民決一死戰。九月三十日夜七點草此稿，八點加急電發，今錄以寄孟君，以登各報，以布於天下。」〔註 61〕鄭孝胥為國為民的一腔熱血躍然紙上。11 月 14 日，在各方壓力下清政府最終被迫宣布將預備立憲縮短為五年。國會開會之前先設責任內閣。〔註 62〕

〔註 60〕參見于宏威：《1906～1908 年的鄭孝胥與預備立憲公會》，載《石家莊鐵道大學學報（社會科學報）》2014 年第 8 卷第 3 期，第 90～94 頁。

〔註 61〕勞祖德整理：《鄭孝胥日記》，中華書局 1993 年版，第 1285～1286 頁。

〔註 62〕參見陳文英：《預備立憲公會與 1910 年國會請願運動》，載《河南師範大學學報（哲學社會科學報）》2006 年 5 月第 33 卷第 3 期，第 147～149 頁。

三、立憲運動的歷史意義

國會請願活動最終只將清政府的預備立憲縮短為五年是成功還是失敗？這需要結合當時的歷史背景去看待。這四次轟轟烈烈的請願活動足以讓立憲派看清楚清政府預備立憲的虛偽和朝政的腐敗，所以部分人轉而同情革命派。1911 年 5 月 8 日，立憲派終於盼來了清廷組織內閣的消息，清政府發布了內閣官制與任命總理、諸大臣。可是這些成員名單中過半數都是皇族與滿人，以至於被人們譏嘲為「皇族內閣」。這再次引起立憲派的不滿，認為清廷根本沒有誠意推行憲政。這樣，清廷將民心也徹底驅趕到了自己的對立面。立憲派的大多數人從絕望轉而支持革命派，與革命派一起成為推翻清朝專制帝制的同盟軍。立憲運動在客觀上起到了揭露清政府，啟發民眾憲政覺悟的作用。從這個意義上說，立憲運動促發了革命。是年，辛亥革命爆發。

第四節　楊度與洪憲帝制

一、楊度與籌安會

楊度與晚年嚴復的思想是契合的，他們都反對共和，推崇君主立憲的開明專制。1915 年，楊度邀請嚴復加入籌安會，為袁世凱復辟帝制做好輿論上的工作。楊度第一次登門拜訪嚴復時就表示了對《天演論》的欽佩，說他第一次讀《天演論》時是 1904 年在日本橫濱梁啟超寓所裏讀的。一讀之後就被它迷住了，還與梁啟超討論了好幾天。〔註 63〕楊度為拉攏嚴復加入籌安會，曾三踵其門乞教，說籌安會是一個研究國體的團體，是學術組織。何況嚴先生也是贊同君主立憲的。嚴復推辭不掉，才同意附驥籌安會。次日，嚴復在報上發現籌安會發起人有他的名字，正迷茫間手足無措時，接到楊度的電報，云：「此乃極峰之意，極峰素重公，已代為署名，拒之恐有未便。」剛閱完，就發現門口有兵把守。〔註 64〕楊度是籌安會的中堅人物，嚴復列明為發起人之一實是有其不得已的苦衷。

二、楊度的《君憲救國論》

1915 年 4 月，楊度撰寫了《君憲救國論》。分上中下三篇，以問答式的對

〔註 63〕參見唐浩明：《楊度》下卷，人民文學出版社 2002 年版，第 165～169 頁。
〔註 64〕參見楊菊隱：《六君子傳》，中華書局 1946 年版，第 251～253 頁。

話體，闡述了「非立憲不足以救國家，非君主不足以成立憲」的核心思想。同晚年嚴復的思想一致，楊度亦極度讚美軍國主義，主張中國放棄自由平等，學習軍國主義。他認為當時的中國如果繼續實行共和，只會天下大亂。

> 共和國民習於平等自由之說，影響於一切政治，而以軍事為最重。軍事教育，絕對服從，極重階級。德意志、日本之軍隊，節制謹嚴，故能稱雄於世；而法、美等國則不然，能富而不能強。此無他，一為君主，一為共和故也。法、美既然，他共和國更不必論。故共和必無強國，已成世界之通例。然法、美有國民教育，尚有對於國家主義之義務心，可以維持而統一之，故對外雖不能強，對內猶不為亂。若中國人民，程度甚低，當君主時代，當兵者常語曰：「食皇家餉，為皇家出力耳」。今雖去有形之皇家，代以無形之國家，彼不知國家為何物，無可指實，以維繫其心。其所恃為維繫者，統馭者之感情與威力有以羈制之而已。此其為力，固已至弱，況又有自由平等之說浸潤灌輸，以搖撼此羈制之力。

同嚴復一致，楊度亦認為中國的國民程度還沒有達到進化的要求，所以不能實行共和：

> 共和政治，必須多數人民有普通之常德常識，於是以人民為主體，而所謂大總統行政官者，乃人民所付託以治公共事業之機關耳，今日舉甲，明日舉乙，皆無不可，所變者治國之政策耳，無所謂安危治亂問題也。中國程度何能言此？多數人民，不知共和為何物，亦不知所謂法律以及自由平等諸說為何義，驟與專制君主相離而入於共和，則以為此後無人能制我者。

所以楊度認為當時中國最好的制度就是君主立憲，這與嚴復的思想不謀而合：

> 惟有易大總統為君主，使一國元首，立於絕對不可競爭之地位，庶幾足以止亂。孟子言定戰國之亂曰：「定於一」，予言定中國之亂亦曰：「定於一」，彼所謂一者，列國並為一統；予所謂一者，元首有一定之人也。元首有一定之人，則國內更無競爭之餘地，國本既立，人心乃安。撥亂之後，始言致治，然後立憲乃可得言也。〔註65〕

〔註65〕以上均見楊度：《君憲救國論》，載左玉河編：《中國近代思想家文庫·楊度卷》，中國人民大學出版社2015年版，第283～296頁。

楊度受嚴復思想的影響可見一斑。

三、為洪憲帝制搖旗吶喊

1915年8月23日籌安會正式宣告成立。在北京設立事務所，緊接著吉林、湖北、安徽、湖南、江蘇等地相繼成立了籌安會分會。袁世凱認為楊度搞籌安會研究國體是書呆子的辦法，遂逼迫楊度丟棄學術組織的外衣。籌安會給所有的代表每人發一張選票，填上「君憲」或「共和」二字，投票的結果當然是「君憲」，籌安會變成表決組織。

9月19日楊度和梁士詒還拼湊出「全國請願聯合會」。他們走入社會，廣為鼓動各界請願。於是先後成立了鹽商、酒商、布商、珠寶商請願團、女子請願團、孔社請願團、匠社請願團、人力車夫請願團。楊度和梁士詒連下九流也不放過，京師乞丐請願團、娼妓請願團也堂而皇之地在大街上遊行，擁護袁世凱稱帝。〔註66〕9月底，楊度以籌安會的名義，向參政院發出《籌安會請願書》，勸進袁世凱稱帝。

1915年12月11日，「國民代表大會」投票。各省區共計代表票數1993張，全體贊成君主立憲，沒有一張廢票或反對票。就連各省區的「國民代表大會」發出的推戴書都是一樣的，全是這50個字，一字不差：「謹以國民公意，恭戴今大總統袁世凱為中華帝國皇帝，並以國家最上完全主權奉之於皇帝，承天建極，傳之萬世。」〔註67〕

12月11日，各省代表請求袁就任中華帝國皇帝，袁以無德無能婉拒。當日楊度再度撰寫《參議院代行立法院第二次推戴書》，楊度在文章的前半部分歷數袁世凱的功績，很快寫出經武、匡國、開化、靖難、定亂、交領等功業來。至於德行方面，楊度罔顧袁世凱借革命黨壓迫清廷孤兒寡母，又借清廷孤兒寡母來邀功於革命黨的事實，露骨地阿諛諂媚袁世凱為清廷「洵屬仁至而義盡矣」，而終不能保全，乃是「曆數遷移，非關人事」。不僅如此，袁世凱還為皇室爭得了優待，實為「千古鼎格之際，未有如是之光明正大者」。把袁世凱打扮成比商湯、周文王還要高尚的聖君。但是袁世凱之前發過誓要捍衛共和政體，楊度亦假借民意為袁寫出了民意已改，國體已變，「民國元首的

〔註66〕唐浩明：《楊度》下卷，人民文學出版社2002年版，第244頁。

〔註67〕參見陶菊隱：《北洋軍閥統治時期史話．洪憲帝制和護國戰爭時期》第2冊，三聯書店1957年版，第126頁。

誓詞當然消滅」〔註 68〕的辯護詞。12 月 15 日，楊度又撰成《代王闓運擬勸進電》，為袁世凱稱帝造足了攻勢。〔註 69〕

1915 年 12 月 12 日，袁世凱宣布接受推戴，改國號為「中華帝國」，1916 年元旦起為「洪憲元年」。袁世凱稱帝，楊度的宣傳造勢、製造「民意」功不可沒。1916 年 1 月，袁世凱封楊度為最高一級的「公」，且單享「文憲公」的稱號，其地位遠遠高於一些握有重兵的封疆大吏。正當洪憲皇朝籌備登基大典之時，1915 年 12 月 25 日，蔡鍔等人舉起「護國」旗幟，宣布雲南獨立，公開討伐袁世凱。袁世凱從 1916 年 1 月 1 日洪憲改元起，到 3 月 22 日廢除洪憲年號止，只當了 83 天的皇帝，做了一場皇帝夢。

第五節　對革命派的影響

一、孫中山與嚴復的論戰

嚴復對革命派的影響是不言而喻的。胡漢民曾經說：「自嚴氏書出」，「而中國民氣為之一變，即所謂焉群言排外言排滿者，因學風潮所激發者多，而嚴氏之功蓋益匪細。」〔註 70〕孫中山在 1905 年在倫敦遇到嚴復，兩人有一場針對中國前途的著名論戰。嚴復認為：「以中國民品之劣，民智之卑，既有改革，害之除於甲者將見乙，泯於丙者將發於丁。為今之計，惟急從教育上著手，庶幾逐漸更新乎！」〔註 71〕孫中山對嚴復說：「俟河之清，人壽幾何？君為思想家，鄙人乃實行家也。」〔註 72〕嚴復與孫中山可謂針尖對麥芒，他們的思想完全是南轅北轍的。

二、孫中山的訓政理論

辛亥革命後武夫干政，民主共和並沒有真正建立起來，孫中山認識到這

〔註 68〕楊度：《參議院代行立法院第二次推戴書》，載左玉河編：《中國近代思想家文庫．楊度卷》，中國人民大學出版社 2015 年版，第 310～311 頁。

〔註 69〕參見饒懷民：《李燮和、嚴復與籌安會——兼論民國初年籌安會「六君子」》，載《湖南農業大學學報（社會科學版）》2006 年 12 月第 7 卷第 6 期，第 77～81 頁。

〔註 70〕胡漢民：《述侯官嚴氏最近政見》，轉引自陳越光、陳小雅：《搖籃與墓地》，四川人民出版社 1985 年版，第 61 頁。

〔註 71〕《嚴復集》，第 1550 頁。

〔註 72〕王蘧常：《嚴幾道年譜》，臺北商務印書館 1977 年版，第 74～75 頁。

點，他在 1918 年《建國方略之一：心理建設》中說：「以中國數千年專制、退化而被征服亡國之民族，一旦革命光復，而欲成立一共和憲政之國家，捨訓政一道，斷無由速達也。」〔註 73〕他認為革命黨建立起了共和國，使四萬萬民眾做了皇帝，但民國的主人對於憲政民主的心理狀況就像初生的嬰兒一樣，革命黨就像產此嬰兒的母親，既然生產了嬰兒，就要盡保養、教育的責任。所以革命黨要慢慢的訓導民眾，讓他們懂得什麼是憲政，什麼是民主。革命黨應儆仿伊尹、周公，作國主的保姆，待國主成熟之後歸還政權。孫中山希望通過訓政「而建設……為民所有、為民所治、為民所享」〔註 74〕的憲政。

三、訓政的實施

胡漢民繼承了孫中山的觀點，認為國民黨就是「訓政保姆」，極力倡導訓政。隨著北伐戰爭的勝利，國民黨已在形式上統一了中國。1928 年 6 月 3 日，胡漢民從巴黎致電國民政府主席譚延闓，向國民黨二屆五中全會提出《訓政大綱案》，在黨內首先倡導實行「以黨治國」和「訓政」的建國方針。

胡漢民在解釋《訓政大綱案》的原則時說：「北伐完成，當依總理建國期主義之表現，審查內外情勢，深信今後黨國發展，不能外如下原則：（一）以黨統一，以黨訓政，培植憲政深厚之基；（二）本黨重心，必求完固，黨應當發動訓政之全責，政府應擔實行訓政之全責；（三）以五權制度作訓政之規模，期五權憲政最後之完成。」〔註 75〕

6 月 18 日，胡漢民又從柏林寄回了《訓政大綱提案說明書》，對《訓政大綱案》內的原則和制度作進一步說明。他指出，國民黨「始終以政權之保姆自認，其精神與目的，完全歸宿於三民主義之具體的實現。」針對將訓政「比附於一黨專政與階級專政之論」，他澄清道：「一黨專政與階級專政，其精神與目的，皆以政權專於一黨或一階級為歸宿。本黨訓政，則其精神與目的，皆以政權付諸國民為歸宿，前者為專制的，而後者為民主的。其趨詣蓋正相反也。」訓政期間，必須處理好三方面的關係：「就黨與政府之關係言，黨必求其有完固之重心，政府必求其有適宜之組織」；「就權與能之關係言，黨為

〔註 73〕參見孫中山：《建國方略》，廣東人民出版社 2007 年版，第 65 頁。

〔註 74〕參見孫中山：《建國方略》，廣東人民出版社 2007 年版，第 3 頁。

〔註 75〕參見蔣永敬：《民國胡展堂先生漢民年譜》臺灣商務印書館 1980 年版，第 427 頁。

訓政之發動者，須有發動訓政之全權。政府為訓政之執行者，須有執行訓政之全責」；「就黨與政府二者在訓政時期中與人民之關係言，則黨之目的，在以政權逐步授諸全國之民眾，政府之目的，在於逐步受國民全體直接之指揮與監督。」「此三者為訓政時期建設制度上所必須周顧之根本原則，缺一不可。」〔註 76〕因此訓政時期，國民黨應由行政、立法、司法、監察、考試五院組成；國民黨中央政治會議是全國訓政的發動者和指導機關，國民政府的工作也要受其指導。

9 月，胡漢民到南京，負責制定《中國國民黨訓政綱領》。10 月 3 日，國民黨中常委通過《中國國民黨訓政綱領》，作為對全國人民進行訓政的基本依據。該綱領規定：訓政時期，由國民黨全國代表大會代表國民大會領導國民，行使行政權；人民所享有的選舉、罷免、創制、復決四種權力，由國民黨訓練國民逐漸推行；國民政府由五院組成；國民黨中央政治會議指導國民政府的工作，並擁有對國民政府組織法的修改和解釋權。至此，國民黨的訓政及國民政府的五院制度確定了下來。〔註 77〕

1931 年 5 月 12 日國民政府通過了《中華民國訓政時期約法》，至 1947 年《中華民國憲法》實施後自然廢止。該法以根本法的形式確認了國民黨一黨專政的政治制度。訓政時期的國民黨自食其言，從來都沒有培養國民的民主能力，相反它施行一黨專政、黨政不分、黨國一體的獨裁制度，與數千年專制如出一轍。它不是讓四萬萬人民為皇帝，而是讓國民黨成了皇帝。國民黨代表由原子組成的「人民」這一群體行使國家權力，沒有設立西方國家那樣的反對黨制度，反而宣布其他黨派都是違法的。在這樣的環境下國民黨政府是不可能培養起公民社會的。1949 年國民黨潰敗逃至臺灣，宣布了訓政的徹底失敗。

第六節　新文化運動——憲政價值觀參照體系的多元化

如果沿著歷史的軌跡作縱向考察，《天演論》不僅影響了嚴復的同輩人如

〔註 76〕胡漢民：《訓政大綱提案說明書》，載陳紅民、方勇編：《中國近代思想家文庫・胡漢民卷》，中國人民大學出版社 2015 年版，第 206～207 頁。

〔註 77〕參見周聿峨、陳紅民：《胡漢民》，廣東人民出版社 1994 年版，第 215～220 頁。

康有為、梁啟超、鄭孝胥，也影響到嚴復的後一輩人物如胡適、魯迅、蔡元培、陳獨秀、李大釗等。蔡元培說，自《天演論》一出「『物競』、『爭存』『優勝劣敗』等詞，成為人人的口頭禪。」〔註 78〕陳獨秀指出：「萬物之生存進化與否，悉以抵抗力之有無強弱為標準。優勝劣敗，理無可逃。」〔註 79〕李大釗也說：「由歷史考之，新興之國族與陳腐之國族遇，陳腐者必敗；朝氣橫溢之生命力與死灰沉滯之生命力遇，死灰沉滯者必敗；青春之國民與白首之國民遇，白首者必敗。此殆天演公例，莫或能逃者也。」〔註 80〕科學和民主是嚴復最先提出並倡導的，嚴復的後一輩知識分子如陳獨秀、李大釗、胡適、魯迅等人繼承了嚴復的衣缽。只不過在如何構建憲政價值觀的參照體系這一問題上，他們的主張與嚴復截然相反——主張以自由的制度建立多元化的價值觀參照體系。

一、批判孔教

1915 年 9 月 15 日，陳獨秀創辦《新青年》雜誌，提倡科學與民主。在《敬告青年》一文中說：「國人而欲脫蒙昧時代，羞為淺化之民也，則急起直追，當以科學與人權並重。」並提出用科學根治「無常識之思惟，無理由之信仰」。〔註 81〕孔教就被作為科學根治的對象。

1917 年 8 月 1 日，陳獨秀在《復辟與尊孔》一文中旗幟鮮明的指出新文化運動的態度：「我們反對孔教，並不是反對孔子本人，也不是說他在古代社會毫無價值。因孔子之道之不適合於今世，今之妄人強欲以不適今世之孔道，支配今世之社會國家，將為文明進化之大阻力也。」〔註 82〕

1918 年 4 月，魯迅發表了中國現代史上第一篇白話小說《狂人日記》，攻擊「人吃人」的禮教。1919 年 11 月 1 日，吳虞在《新青年》上發表了《吃人與禮教》。他開篇就說：

> 我讀《新青年》裏魯迅君的「狂人日記」，不覺得發了許多感想。我們中國人，最妙是一面會吃人，一面又能夠講禮教。吃人與

〔註 78〕蔡元培：《介紹西洋哲學要推嚴復為第一》，載朱修春主編：《嚴復學術檔案》，武漢大學出版社 2015 年版，第 70 頁。
〔註 79〕陳獨秀：《獨秀文存》，安徽人民出版社 1987 年版，第 22 頁。
〔註 80〕《青春》，見《李大釗文集》上冊，人民出版社 1984 年版，第 199 頁。
〔註 81〕陳獨秀：《敬告青年》，載 1915 年 9 月 15 日《新青年》第 1 卷第 1 號。
〔註 82〕陳獨秀：《復辟與尊孔》，載 1917 年 8 月 1 日《新青年》第 3 卷第 6 號。

禮教，本來是極相矛盾的事，然而他們在當時歷史上，卻認為並行不悖的，這真正是奇怪了！〔註 83〕

吳虞認為整個中國的歷史都可以從禮教吃人這個邏輯中找出證據。他說歷史上的皇帝或臣子都是一邊講著道德仁義的門面話，一邊做著吃人的苟且勾當，表裏相差得太遠。特別是一邊給予人「忠義」的帽子，一邊吃了「忠義」的人還沒人發現，「忠義」的人就這樣被白吃了！他說：「一部歷史裏面，講道德、說仁義的人，時機一到，他就直接間接的都會吃起人肉來了。」吳虞將禮教的表面一套背地裏陰險毒辣的一套批判得淋漓盡致。他呼籲：「我們應該覺悟！我們不是為君主而生的！不是為聖賢而生的！也不是為綱常禮教而生的！」〔註 84〕

同上述新文化運動人士一樣，胡適不反對作為先秦諸子一脈的儒學，卻反對將儒學作為國家意識形態的做法。1919 年，胡適出版了《中國哲學史大綱》（上卷），由蔡元培作序。胡適在該書中廢黜了儒學「經學」的地位，恢復了其「子學」的本來面目。蔡元培在該書序言中高度讚賞了胡適對待儒學的態度：以往「同是儒家，崇拜孟子的人，又非荀子。漢宋儒者，崇拜孔子，排斥諸子，近人替諸子抱不平，又有意嘲弄孔子。這都是鬧意氣罷了。適之先生此篇，對老子以後的諸子，各有各的長處，各有各的短處，都還他一個本來面目，是很平等的。」〔註 85〕

二、反對將孔教納入憲法

1916 年 2 月 15 日，陳獨秀在《新青年》上發表《吾人最後之覺悟》，認為最後覺悟包括政治覺悟和倫理覺悟。在該文中，陳獨秀主要闡述了政治覺悟，他認為當時中國面臨的首要問題是：「立憲政治果能施行無阻乎？」因此他將此階段定義為「民國憲法實行時代」，而當時立憲政治的主動地位屬於政府不屬於人民，如果共和立憲不是出於多數國民的自覺，那麼這個共和立憲就只是政治的點綴，與歐美的共和立憲絕不屬同一物。〔註 86〕

〔註 83〕吳虞：《吃人與禮教》，載 1919 年 11 月 1 日《新青年》第 6 卷第 6 號。

〔註 84〕以上均出自吳虞：《吃人與禮教》，載 1919 年 11 月 1 日《新青年》第 6 卷第 6 號。

〔註 85〕蔡元培：《中國哲學史大綱．序》，歐陽哲生編：《胡適文集》第 6 冊，北京大學出版社 1998 年版，第 156 頁。

〔註 86〕陳獨秀：《吾人最後之覺悟》，載 1916 年 2 月 15 日《新青年》第 1 卷第 6 號。

既然陳獨秀認為立憲政治屬於政府，憲法只是一紙空文。共和立憲都是「偽共和」、「偽立憲」，〔註 87〕當康有為在 1916 年 8 月召開的國會上，提出將孔教定為國教並載入憲法時所遭受的反對就不在話下了。1916年11月1日，陳獨秀撰寫《憲法與孔教》一文，繼續《吾人最後之覺悟》一文要談的倫理覺悟。該文開篇即認為：

> 「孔教」本失靈之偶像、過去之化石，應於民主國憲法，不生問題。只以袁皇帝干涉憲法之惡果，天壇草案，遂於第十九條附以尊孔之文，敷衍民賊，致遺今日無謂之紛爭。然既有紛爭矣，則必演為吾國極重大之問題。其故何哉？蓋孔教問題不獨關係憲法，且為吾人實際生活及倫理思想之根本問題也。〔註 88〕

陳獨秀認為孔子之道和民國的法治精神是不相容的。「西洋所謂法治國者，其最大精神，乃為法律之前，人人平等，絕無尊卑貴賤之殊。雖君主國亦以此為立憲之正軌，民主共和，益無論矣。然則共和國民之教育，其應發揮人權平等之精神，毫無疑義。」而孔教的三綱五常是與人權平等精神相悖的。如果硬要將孔教加入憲法，「則不徒共和憲法為可廢，凡十餘年來之變法維新，流血革命，設國會，改法律，（民國以前所行之大清律，無一條非孔子之道。）及一切新政治、新教育，無一非多事，且無一非謬誤，應悉廢罷，仍守舊法，以免濫費吾人之財力。」所以必須對西方「所謂平等人權之新信仰，對於與此新社會、新國家、新信仰不可相容之孔教，不可不有徹底之覺悟，猛勇之決心，否則不塞不流，不止不行！」〔註 89〕

1917 年 1 月 30 日李大釗撰寫《孔子與憲法》批判康有為的觀點。他認為孔子與憲法本身是兩個毫不相干的事物，將兩者強行結合在一起本身就是個怪誕的組合：「最宜以孔子與憲法為物之性質兩相比證，則知以怪誕之名加之者，為不妄矣。」緊接著，他從四方面有力地論述了孔子與憲法為什麼不能並存：一是孔子是幾千年前的古人，憲法是現代國家的產物，如果將幾千年前的古人納入憲法，那麼憲法就不是現代國家的產物了；二是孔子是歷代帝王專制統治的意識形態，憲法是現代國民自由的保障。專制和憲法不能相容，所以孔子這個代表專制意識形態的人物是不能納入憲法的；三是孔子僅為一

〔註 87〕陳獨秀：《吾人最後之覺悟》，載 1916 年 2 月 15 日《新青年》第 1 卷第 6 號。
〔註 88〕陳獨秀：《憲法與孔教》，載 1916 年 11 月 1 日《新青年》第 2 卷第 3 號。
〔註 89〕陳獨秀：《憲法與孔教》，載 1916 年 11 月 1 日《新青年》第 2 卷第 3 號。

部分國民心中的聖人，憲法卻是中華民國全體國民的法律，憲法有宗教信仰的自由，所以不能強迫國民都信仰孔子；四是孔子的道沒有一個清晰的界定，憲法卻是有極明確意義和效力的法律條文，孔子的道不能納入憲法的，否則會影響憲法普遍實施的法律效力。〔註 90〕

綜上所述，新文化陣營的主要代表人物自發地就儒學問題達成一致意見：反對將儒學作為國家意識形態的孔教，反對將孔教納入憲法。上述新文化運動者對儒家思想的處理方法是值得肯定的。如果儒學是在私人領域的學術，那麼這是一個學術問題可以探討和質疑；如果儒學與公共權力相融合，就會成為無可爭辯的僵化的意識形態。建立自由的制度，實現憲政價值觀參照體系的多元化是對儒學最好的解毒劑。對於儒學來說，只要給它一個正常的制度環境，那麼個人的獨立思考和自由選擇就是對儒學最好的處理辦法。

〔註 90〕以上均見李大釗：《孔子與憲法》，載 1917 年 1 月 30 日《甲寅》日報。

第七章　貢獻與侷限

第一節　漸進的經驗主義

一、民主憲政不可期之以驟

嚴復嚮往、推崇自由與民主，期望中國最終走向民主憲政之路並由此給國家帶來統一、穩定。嚴復對中國實現自由與民主的艱巨性、長期性有著清醒的認識，主張漸進主義，反對急進而驟變的革命，贊同漸進而溫和的改革。他一再強調應實行漸進變革而避免驟變暴變，堅信「國家法制之變也，必以漸而無頓」，〔註 1〕不能操之過急，否則會貽害無窮：「其進彌驟，其塗彌險，新者未已，舊者已亡，悵之無歸，或以滅絕。」〔註 2〕他認為變法不是要「盡去吾國之舊，以謀西人之新」，「改革之傾，破壞非難也，號召新曆亦非難，難在乎平亭古法舊俗，知何者當革，不革則進步難圖；又知何者當因，不因則由變得亂。」〔註 3〕嚴復認為，於中國而言，實現西方的民主憲政是必由之路，但應充分考慮制約變革的各種因素：〔註 4〕

（一）與中國傳統文化制度相關

嚴復認為，任何「一治制之立，與夫一王者之興也，其法度隆汙不同，

〔註 1〕《嚴復集》，第 235 頁。
〔註 2〕《嚴復集》，第 1242 頁。
〔註 3〕《嚴復集》，第 324 頁。
〔註 4〕參見馮英：《漸進主義：自由實現的方式——論嚴復的社會變革思想》，載《北京科技大學學報（社會科學版）》2003 年 12 月第 19 卷第 4 期，第 63～66 頁。

要皆如橋石然，相倚相生，更其一則全局皆變。使所更者，同其精神而為之，猶可言也；使所更者，異其精神而為之，則不可言矣。……夫治制有形質，有精神，二者相為表裏者也。使形質既遷，而精神亦變，非曰不可變也。特變矣，須有人矣。居重執樞，而為全局之規畫，庶不至支節牴牾，因以生害。乃今不然，國體支離，漫然如巨人之無腦，故或政所併立者，而於甲則重，於乙則輕。」〔註 5〕所以 1901 年在翻譯《原富》時，當他談到發展資本主義自由經濟時，先是力主變革舊法，但隨後又說：「事已成習，不可猝改」，「故變法之際，無論舊法何等非計，新政之如何利民，皆其令朝頒，民夕狼顧，其目前之耗失，有萬萬無可解免者，此變法之所以難，而維新之所以多流血也。悲夫！」〔註 6〕

（二）變革本身是一項複雜的社會改造工程

從「體」與「用」的關係而言，他指出：「體用者，即一物而言之也，有牛之體，則有負重之用，有馬之體，則有致遠之用。未聞以牛之體，以馬為用者也。」，「故中學有中學之體用，西學有西學之體用，分之則兩立，合之則兩亡。」〔註 7〕如果「取驥之四蹄，以附牛之項領，從而責千里馬，固不可得，而田隴之功又以廢也。」〔註 8〕嚴復還進一步批判了中國人在吸收西方文化方面的思維方法上的弊病，他指出：「大抵吾人通病，在睹舊法之敝，以為一從夫新，如西人所為，即可以得無敝之法。」「專制末流，固為可痛，則以為共和當佳，而孰知其害乃過於專制。」〔註 9〕其原因就在於，移植一種制度，如缺乏相應的條件，就會「遷地弗良」。〔註 10〕改革可能涉及社會的各個方面，必須認真考慮。〔註 11〕他在 1898 年戊戌變法前夕向光緒帝提出的建議中就明確提到了這一點：

> 臣居平常論中國今日之法，雖已大弊，然所以成其如是者，率經數千載自然之勢流演而來，對待相生，牢不可破。故今者審勢相

〔註 5〕《嚴復集》，第 985 頁。
〔註 6〕《嚴復集》，第 99 頁。
〔註 7〕《嚴復集》，第 559 頁。
〔註 8〕《嚴復集》，第 560 頁。
〔註 9〕《嚴復集》，第 680 頁。
〔註 10〕《嚴復集》，第 15 頁。
〔註 11〕參見蕭功秦：《「嚴復悖論」與近代新保守主義變革觀》，網址：http://www.aisixiang.com/data/21366.html，最後訪問日期 2018 年 4 月 10 日。

對，而思有改革，則一行變甲，當先變乙；及思變乙，又宜變丙。由是以往，膠葛紛綸，設但支節為之，則不徒勞無功，且所變不能久立。又況興作多端，動糜財力，使其為而寡效，則積久必至不支，此亦事之至可慮者也。〔註12〕

（三）利益層面上的阻力

體制改革的實質是讓不同的利益相關者重新劃分利益，所以不可避免地會與既得利益者發生衝突：

大抵君子之把持，生與智慮之有所不周，意見之有所偏激，而小人之把持，則出於營私自利而已矣。國家承平既久，則無論為中為外，舉凡一局一令，皆有緣法收利之家。且法久弊叢，則其中之收利者愈益眾，一朝而云國家欲變法，則必有某與某者所收之利，與之皆亡。爾乃構造百端，出死力以與言變者為難矣。是故其法彌弊，則其變彌不可緩；則其欲變彌難。蓋法之敝否，與私利之多寡為正比例，而私利之多寡，又與變法之難易為正比例也。夫小人非不知變法之利國也，顧不變則通國失其公利，變則一己被其近災。公利遠而難見，近災切而可憂，則終不以之相易矣。〔註13〕

二、漸進變革的前瞻性

嚴復漸進主義的法律思想，在思想史上具有前瞻性。〔註14〕首先，嚴復早就認識到，僅僅基於抽象的概念和「激進解決」社會問題的口號實行民主憲政的話，就會導致現有秩序的破壞和災難性的後果。二是嚴復明智地提出了讓民主憲政這個新機制在舊體制內走向成熟後，再在尊重現有秩序的前提下逐步施行。

嚴復對改造國民性始終持一種審慎的態度。「夫今日之中國之民，其力、智、德三者，苟通而言之，則經數千年之層遞積累，本之乎山川民土之攸殊，導之乎刑政教之屢變，陶冶爐錘而成此最後之一境。」〔註15〕所以要頃刻間

〔註12〕《嚴復集》，第68頁。

〔註13〕《嚴復集》，第76頁。

〔註14〕參見董小燕：《試論嚴復政治觀的經驗主義特徵》，載《浙江大學學報（人文社會科學版）》2008年9月第38卷第5期，第152～159頁。

〔註15〕《嚴復集》，第27頁。

摒除國民劣根性是不可能也不現實的。「風俗民德之衰，非一朝一夕之故，乃其既弊，亦非一手足之烈所能挽而復之於其初也。」所以「則弱轉強，由愚轉智，由瓦解土崩而為專心壹志者，實無速成之術。」〔註 16〕

嚴復主張英國式的修修補補，不認可單靠激進的口號就可以解決掉所有問題的革命主張。他大量引進西學，先進行思想啟蒙。在這方面，嚴復是有遠見的，我們可以拿盛行於 14 世紀到 17 世紀的歐洲文藝復興運動與之做比較。文藝復興運動是新興資產階級為了反對天主教用神學統治人們的思想，而發起的一場資產階級人文主義思想啟蒙運動。這些人文主義思想體現了個性的解放，反對中世紀宗教的禁慾主義；提倡科學，反對矇昧，主張廢除神學和經院哲學的權威；人文主義肯定人是現世的創造者和享受者，提倡個性自由，突出人的價值。歷經三百年的啟蒙，歐洲文明終於走出中世紀的「黑暗時代」，有了近代西方的科學和民主。

嚴復所處的中國 19 世紀末的社會和 14 世紀的歐洲很像：它們都是為了擺脫舊的權威，建立自由的科學和民主。如果說歐洲經歷了三百年的思想啟蒙才有了現在的文物聲教，那麼嚴復提出以思想啟蒙為先導，在對傳統進行反思整理的基礎上再建立民主憲政亦是非常有道理的。歐洲的思想啟蒙經歷了三百年，我們雖然有歐洲文明活生生的範例，但是要處理好傳統與現代的問題也是需要很長一段時間的。憲政民主必須建立在思想啟蒙的基礎上，在具有訓練有素的公民階層的文明社會中才能實現。

第二節　文化的實用主義

一、嚴復的實用眼光

嚴復雖然大力提倡西學，但骨子裏卻是以儒家文化為中心的，加上他對西學的實用主義態度，使得嚴復面對西方時缺乏冷靜、審慎的態度。嚴復在重新創造西方文化的過程中，除了是迫於當時的形勢選擇對中國有用的東西外，還逃不掉中國傳統文化的一個弱點：重實用價值而輕終極的精神價值。

嚴復譯著深刻影響了 20 世界初的中國知識分子。嚴復首先認識到建立西方的政治制度是有它深厚的哲學基礎的，這個基礎跟中國傳統文化完全不同。

〔註 16〕《嚴復集》，第 958 頁。

由於其強烈的社會關懷，他主要介紹引進的是英國的社會哲學。當然，這與他在英國的留學經歷有關。他認為，斯賓塞社會進化論是提醒人們最合適的思想武器。此外，嚴復的翻譯方法是部分翻譯和意譯。這樣，他就拋棄甚至歪曲了他不能理解或不符合他需要的部分，更清楚地反映出實用主義的意圖。

密爾的《論自由》是為個人自由辯護，嚴復卻譯做《群己權界論》。這部著作中，密爾一再強調，人的自由就是目的本身，個人本身就是一種價值，這是人類幸福不可或缺的因素。它使人類的生活豐富多彩，充滿活力。密爾主張的自由就包括著良心的自由。善、美德成為密爾關注的核心問題，並且只有在言論自由和思想自由中，以及自由的選擇和比較中，才能夠凸顯出真善美、假醜惡，獲得良知和道德的完善。在此，密爾提出了人類美德和自由的關係問題，他認為，實現自由並不是人類的最後歸宿，道德和良知的提升才是人類的目的。〔註 17〕

然而，在嚴復的翻譯中，自由主義的核心已經消失。在他重新創造的英國自由主義理論的論述中，自由成為個人能力發展和競爭的手段，從而使得社會可以進化，中國不至於被西方徹底征服。英國哲學與德國哲學相比，一直偏向於功利主義，而嚴復在引進英國的哲學後，又一次將其終極價值切斷。只要嚴復將真理當作實用主義的工具，而不是把它當作目的，這種情況就是不可避免的。因此，嚴復或者是對那些與實用主義毫無關係的理論要素視而不見；要麼是即使看到了這些理論，也會將它們改造成經世致用的模樣。

嚴復的例子顯示了當時中國知識界的主流傾向。原因只能在我們重實用的文化和傳統中尋找。中國的知識分子一旦接觸到西方哲學，就首先從裏面找到他想要的思想武器，而不是先澄清人家的理論。中國人對於任何理論，都缺乏純粹的理論興趣。對於這些理論，他們的關注點只在於是否有利用價值上。因此，對於西方哲學最核心的部分，涉及形而上學的問題，中國人不能理解也不能接受。國人的思想中一般沒有精神價值的終極地位。不論最終的精神價值，包括自由、公平、正義等等，都必須要找到它的實用價值。不能把它們歸於實用價值部分的，就是沒有價值。

就是關注精神的三民說，也離不開刻板的實用主義印象，可以從以下兩個方面看出：第一，個體的精神品質僅僅是因為它是創造國家和民族品質的

〔註 17〕參見李宏圖：《密爾〈論自由〉精讀》，復旦大學 2009 年版，第 143 頁。

要素而被重視，但是密爾呼籲的對人格的培養卻沒有得到嚴復的重視。第二，嚴復對精神層面的重視往往側重於儒家所謂的道德，而以儒家道德為重點的關注點仍然是在社會的變革上。所以，嚴復的基本思想還是沒有脫離經世致用的儒家理想，終極的精神價值一直消失在他的視野之外。〔註 18〕

二、嚴復認識論的侷限性

中國傳統哲學中的自然概念，都被限制在人的道德境界這一領域。自然概念在先秦已受到注目，與道家哲學緊密相關，但其意義，主要不是指我們現在所說的客觀外界作為認識對象的自然，指示這一意義的主要是由「天」這一概念來承擔的，荀子哲學中的「天」最能體現這一點。與「天」相對的是「人」。天人關係是中國哲學的基本問題，眾多哲學家解決這一問題所走的路子，整體上來說是重合不區分，〔註 19〕傾於統一遠於對立，「天人合一」就是這種傾向的準確概括。人主要是倫理道德的人，天則是倫理道德的直接根源與內在根據和最高法則。在這種意義上，天人難捨難分，永遠處於連續的狀態中，宋明理學的闡發最為典型。「格物致知」得到了詳盡的討論，所說的「物」在某人某處當然有時指「自然之物」，如朱熹格一草一木，但總體上所關心的不是自然之物本身，而是人的道德境界的提高。特別是他們把「物」歸結為事。胡適指出：「朱熹和王陽明都同意把『物』作『事』解釋。這一個字的人文主義的解釋，決定了近代中國哲學的全部性質與範圍。它把哲學限制於人的『事務』和關係的領域。王陽明主張『格物』只能在身心上做。即使宋學探求事事物物之理，也只是研究『誠意』以『正心』。」〔註 20〕

西方哲學家對認識的可靠性極為關心。特別是在現代，這個領域的討論已經成為西方哲學的主題。〔註 21〕相反，中國哲學家並不十分關心這個問題。認識論是中國傳統哲學最薄弱的環節之一，即使討論也只著重於個人觀察和

〔註 18〕以上參見周國平：《中國人缺少什麼》，網址：https://www.douban.com/group/topic/9238171/，最後訪問日期：2017 年 11 月 17 日。

〔註 19〕當然，在中國，主張「天人相分」的哲學家是有的，最突出的當推先秦的荀子和唐代的劉禹錫。荀子提出「明天人相分」，「制天命而用之」的光輝命題，劉則提出「天人交相勝」的深刻學說。參見王中江：《嚴復與福澤諭吉——中日啟蒙思想比較》，河南大學出版社 1991 年版，第 187 頁。

〔註 20〕參見胡適：《先秦名學史》，學林出版社 1983 年版，第 6 頁。

〔註 21〕參見參見周國平：《中國人缺少什麼》，網址：https://www.douban.com/group/topic/9238171/，最後訪問日期：2017 年 11 月 17 日。

實踐經驗的範疇，比如知行關係問題，討論的主要是道德認識。所以在中國根本就不存在超出個體現實經驗範圍外的知識，即使覺得有也認為沒有必要研究。比如孔子著名的論斷「未知生，焉知死」〔註 22〕就是這種實用主義文化態度的典型例子。孔子認為只要把眼光放在「現世」上，研究人與人之間的事務和關係就足以了。他的整部《論語》都是在研究人際關係，正如曹雪芹深刻闡明的那樣：「世事洞明皆學問，人情練達即文章。」〔註 23〕這就造成了整個中華文明的嚴重偏向：缺乏超越人情世故的對世界本源的探索。我們的哲學只停留在淺層的人情上，相比於西方的哲學的理性簡直就是舍本而逐末！

黃克武在與墨子刻的聯合研究中，將西方的懷疑主義與中國思想相比較，提出了一個認識論上的區別，即「悲觀主義的認識論」與「樂觀主義的認識論」。悲觀主義的認識論指的是要獲得客觀的知識是非常困難，即古語所謂「理不易明」，樂觀主義的認識論則認為這樣的工作不成問題。換言之，前者強調人類智性的不可靠，後者則凸出真理的明顯性，例如孝順父母則好，自然是不需要論證的。那些強調人類的智性根本上是不可靠的學者懷疑關於道德與政治的規範，懷疑我們是否可以得到客觀、中立，而避免所有偏見與誤會的知識，也懷疑我們最終能否瞭解事物的本質。然而強調真理之明顯性的學者則認為，對上述問題的客觀瞭解是可能的，而在公開宣揚之下，一般人也會瞭解與肯定這些知識。墨子刻認為西方思想界有不少傾向樂觀認識論的想法，如基督教思想；然而西方懷疑主義、相對主義、情緒主義，則較傾向於悲觀認識論。按照墨子刻的看法，無論在傳統的中國還是現代的中國，思想的主流都是樂觀的認識論。社會上有一些「預言家」，他們建立起了一套完整的關於世界的知識體系。他們認為所有的真實情感、萬物的本體，文化的本質和歷史政治等各個領域，它們的道理都是會通的。〔註 24〕

嚴復意識到了西方實驗和邏輯的重要性，從某種程度上超越了感性思維的傳統：「牽涉傅會，強物性之自然，以就吾心之臆造，此所以為言理之大蔀，而吾國數千年格物窮理之學，所以無可言也。」〔註 25〕但他還是沒有跳出感

〔註 22〕《論語・先進》。

〔註 23〕出自曹雪芹《紅樓夢》第五回的一副對聯。

〔註 24〕參見黃克武：《自由的所以然——嚴復對約翰彌爾自由思想的認識與批判》，上海書店出版社 2000 年版，第 18～20 頁。

〔註 25〕《嚴復集》，第 290 頁。

性認識論的窠臼：「人之知識，止於意驗相符。如是所為，已足生事，更騖高遠，真無當也。夫只此意驗相符，則形氣之學貴矣。」〔註 26〕也就是說，只要個人經驗和知識概念相互契合就可以了。基於「道通為一」的知識論體系，嚴復認為通過建立一個完整的知識系統，就可以理解客觀事實並表述世界上所有的知識。基於此，嚴復傾向於將進化論、道德、個人自由、政治權力、歷史等融合起來的看法。難怪嚴復樂觀地認為以民主制度可以合私以為公、斯密的自由經濟體制可以合義以為利。〔註27〕嚴復的認識論體系是形而下的，他對任何超越「已足生事」的形而上的理性價值的追索，認為是沒有意義的。他不具有純粹的思想興趣、學術興趣、科學研究興趣。他在引進西學時只以「意驗相符」為準，而不以真知為準。這種只需「已足生事，更騖高遠」的文化實用主義使得他對西學一知半解。嚴復不能深入理解形而上學的價值，才會對盧梭的天賦人權嗤之以鼻，使得他沒有興趣去關注洛克分權理論和孟德斯鳩三權分立說背後的自然法理論，導致他只能從具體形式上去模仿西方的立憲，而不能從對人的終極價值關懷上去建立深刻的同情與理解。這亦是他誤讀西學的根本原因。

西方人思辨的核心問題是：活著的依據是什麼，有什麼意義？這就是個人面對宇宙時的問題，是人生追求的終極價值和意義。而嚴復則對這種終極價值敬而遠之，他說：「竊嘗謂萬物本體，雖不可知，而可知者止於感覺，……皆有其井然不紛，秩然不紊者以為理，以為自然之律令。自然律令者，不同地而皆然，不同時而皆合。此吾生學問之所以大可待，而學明者術立，理得者功成也。無他，亦盡於對待之域而已。是域而外固無從學，即學之亦於人事殆無涉也。」〔註 28〕所以當嚴復放棄對「萬物本體」等涉及哲學根本命題的價值，包括平等、正義、善等與經世致用的「人事無涉」的「域外」終極價值追尋時，他就無法理解西方以這種終極價值為基礎的自然法理論和立憲制度設計。這是導致嚴復無論引進怎樣的觀念和制度都不能解決中國憲政問題的根本原因。

〔註26〕《天演論》論九真幻按語。參見劉琅主編：《精讀嚴復》，鷺江出版社 2007 年版，第 52 頁。

〔註27〕參見黃克武：《自由的所以然——嚴復對約翰彌爾自由思想的認識與批判》，上海書店出版社 2000 年版，第 270 頁。

〔註28〕《天演論》論九真幻按語。參見劉琅主編：《精讀嚴復》，鷺江出版社 2007 年版，第 52 頁。

改造中國社會的重心仍然在於繼續進行思想啟蒙，特別是打破儒家經世致用的傳統，實行思想自由，打破人們「陞官發財」，一切向官僚機構看齊的「志向」。當老百姓都不再關注最低層次的物質需要，當精英們有更多的實現人生價值的方式後，人們才會真正有興趣關注終極的精神價值，人們才會獲得真正的自由，我們的文明才會愈加的燦爛。

結　語

中國近代憲政思想並不起源於中國的傳統文化，而是起源於西方，起源於嚴復引進的西學。所以在本文的寫作中，筆者使用西方的憲法觀念來重新敘述中國憲政的歷史，這亦是一種全新的視角，關鍵在於人們是否認同這一歷史敘事方式。歷史本身是怎樣的，我們或許並不知道，歷史只是通過敘述，建立起了一套敘述結構而已。我們從傳統文化中找不到西方憲政的文化資源，所以中國近代憲政思想不是從傳統文化裏生闡發出來的，而是來自於西方。中國近代憲政思潮中的關鍵人物是嚴復，他以進化論為媒介，對國民素質與民主關係的探索構成了中國近代憲政思想的重要特質。他的法律思想影響重大，一直指導著辛亥革命前的維新變法和立憲運動。雖然他反對辛亥革命和新文化運動，但他卻是新文化運動當之無愧的助產士。

嚴復是拓荒者，他奠定了中國近代的國家觀、社會觀和歷史觀。嚴復和他同時期留學英國，但互相沒有聯繫的另一個代表人物——何啟〔註 1〕不同，何啟認為必須通過革命推翻滿清，建立像英國那樣的憲政制度。嚴復則認為西方的科學和民主並不是西方強大的原因，更不是結果，而是西方人思考問題的方式，所以必須學習西方的思維方式。中國需要按照西方的思維方式來造就新的國民。中國老百姓的素質不高，但老百姓的素質對國家至關重要，所以首先要造就像西方社會那樣的公民。他提出開民智、新民德、鼓民力，公民應該有德性、知性和體力。嚴復認為中國要實行憲政必須一步步的來，他認為通過辛亥革命造就的中華民國違背了進化的進程，因為中國當時還沒

〔註 1〕何啟是孫中山的老師，他主張中國應該變革制度，在他的直接影響和資助下，孫中山發動了革命。

有達到進行革命的社會和文化條件。

嚴復一生的思想都侷限在進化論裏面，以致他在翻譯西學時誤讀了西方的真理。嚴復將西學應用到中國傳統文化裏，就有了再創造，但這種再創造的過程是會發生偏差的。因為嚴復要把西方的法律思想介紹到中國來，就必須先把它們變成中國的語言和文字。這就需要借助中國的概念、術語，這些術語也只能在儒家中尋找，比如民主一詞。這是文化背景。嚴復在引進西方的憲政時就必須面對當時中國亟待解決的問題：如何通過集中權力把民眾凝聚起來。因為當時的清政府已經歷經了三百多年的統治，已經達到歷史循環週期率的臨界點了，中央政府的權力已經衰退。當時的中國需要的不是分權，而是要國家完整，通過集中權力凝聚民眾。這是歷史背景。當文化背景和歷史背景一起發生作用時，就讓嚴復忽略了西方憲政的核心：權力制衡和司法獨立。即使他關注到了那麼一點點，也是從君權和民權這二元權力的基礎上解讀的。但以這種二元權力為基礎的三權分立實際上只是國家權力內部分出的三種職能部門而已，根本不是三種不同的權力，更談不上權力制衡。這是嚴復的問題，也是我們面對的問題：即中國從西方學習了憲政思想後，該如何將西方憲政思想同中國傳統文化進行融合？如何通過西方的憲政思想來看待我們的文化和傳統？從近代以來出現了一個現象，如果對西方憲政思想進行討論，則需要對儒家思想進行批判。這種批判是因為中國的思想者發現，儒家思想窒息了中國社會的活力，是中國專制主義的一種官方意識形態。儒家思想就是從西方的憲政思想介紹到中國以後開始受批判的。嚴復是最激烈的儒家思想批判者，因為他一直研究西方文化，他用西方的文字與語言讀懂了西方的文化，他發現西方的文化體系與中國以儒家思想為代表的文化體系是格格不入的。要把西方文化體系挪用到中國，必須考慮如何面對儒家思想。嚴復就是以這樣一種問題路徑引進西學的。筆者認為嚴復的思想在當代仍有積極的意義。因為如果要將西方憲政思想成功地挪用到中國，必須要對中國傳統文化特別是儒家思想給予正確的處理後才能使其安頓下來。現在中國的問題無法靠儒家思想解決，因為現在的中國已經和世界潮流趨同，我們需要全球化，需要西方的民主和憲政。所以我們要先學習西方憲政思想，再弘揚儒家思想，但是不能將二者順序顛倒。我們應如同新文化運動那一代的知識分子作出的選擇一樣，讓儒學僅僅成為私人領域內供人們自由思考和討論的學術，而不能將其納入官方強制性的意識形態中。

嚴復和孫中山走過的路子表明：只有經過長期的思想啟蒙，培育出類似於西方意義上的公民，才能構建出類似西方的國家。只有培育出這種意義上的公民，才能進行西方的憲政民主改革。反之沒有公民的出現，則改革是沒有用的。辛亥革命對中國後來歷史的發展影響巨大。共產黨本來是國民黨的合作黨，但後來國民黨違背諾言，將共產黨視之為反對黨。中國的反對黨與西方意義上的反對黨不一樣，中國的反對黨沒有合法地位。後來國民黨被打敗潰逃到臺灣，中國建立起無產階級專政的國家，實行無產階級對知識分子進行改造的政策，再經過史無前例的文化大革命，知識分子受到迫害，導致在上世紀五六十年代的學術傳承被迫中斷，自嚴復、梁啟超、新文化運動沿襲而來的思想啟蒙也被中斷了。現如今的知識分子絕大多數都是 1977 年恢復高考後新成長起來的，所以處於我們國家中堅力量的教授都很年輕，他們大多是上世紀五六十年代出生的，很少有三四十年代出生的，這樣就造成了知識分子斷層。很多民國時期已經發展成熟的知識，現在都沒有了，要重新撿回來，比如英美法系的知識。因此現在歷史又回到原點，我們需要重新開始啟蒙，又回到嚴復的思想，開始重視知識，重視對國民的培養。現實都是從歷史而來，同時又不時地返回歷史的現場。這可能就是本文研究嚴復法律思想的價值和意義所在吧。〔註 2〕

〔註 2〕以上參考王人博：《何謂中國憲政思想》。網址：http://www.aisixiang.com/data/99167.html，最後訪問時間 2017 年 9 月 11 日。

參考文獻

一、嚴覆文集、傳記

1. 王栻編，嚴復集，北京：中華書局，1986。
2. 王蘧常，嚴幾道年譜，上海：商務印書館，1936。
3. 王蘧常，嚴幾道年譜，臺北：商務印書館，1977。
4. 馮保善，嚴復傳，北京：團結出版社，1998。
5. 孫應祥，嚴復年譜，福州：福建人民出版社，2003。
6. 牛仰山，孫鴻霓編，嚴復研究資料，福州：海峽文藝出版社，1990。
7. 皮后鋒，嚴復評傳，南京：南京大學出版社，2006。
8. 馬勇，嚴復學術思想評傳，北京：北京圖書館出版社，2001。
9. 歐陽哲生，嚴復評傳，南昌：百花洲文藝出版社，2015。
10. 劉琅編，精讀嚴復，廈門：鷺江出版社，2007。
11. 黄克武編，中國近代思想家文庫·嚴復卷，北京：中國人民大學出版社，2014。
12. 王慶成編，嚴復未刊詩文函稿及散佚著譯，臺北：財團法人辜公亮文教基金會，1998。
13. 王慶成編，嚴復合集，臺北：財團法人辜公亮文教基金會，1998。
14. 孫應祥，皮后鋒，〈嚴復集〉補編，福州：福建人民出版社，2004。
15. 皮后鋒，嚴復大傳，福州：福建人民出版社，2013。
16. 朱修春，嚴復學術檔案，武漢：武漢大學出版社，2015。

二、嚴復譯著

1. 亞當·斯密著，嚴復譯，原富，北京：北京時代華文書局，2014。

2. 托馬斯．亨利．赫胥黎著，嚴復譯，天演論，北京：北京時代華文書局，2014。
3. 約翰．斯圖亞特．穆勒著，嚴復譯，穆勒名學，北京：北京時代華文書局，2014。
4. 赫伯特．斯賓塞著，嚴復譯，群學肄言，北京：北京時代華文書局，2014。
5. 孟德斯鳩著，嚴復譯，法意，北京：北京時代華文書局，2014。
6. 約翰．斯圖亞特．穆勒著，嚴復譯，群己權界論，北京：北京時代華文書局，2014。
7. 愛德華．甄克斯著，嚴復譯，社會通詮，北京：北京時代華文書局，2014。
8. 耶芳斯著，嚴復譯，名學淺說，北京：北京時代華文書局，2014。

三、其他著作

1. 〔英〕本傑明．史華茲，尋求富強——嚴復與西方，南京：江蘇人民出版社，2010。
2. 黃克武，自由的所以然——嚴復對約翰彌爾自由思想的認識與批判，上海：上海書店出版社，2000。
3. 俞江，近代中國的法律與學術，北京：北京大學出版社，2008。
4. 王人博，中國近代的憲政思潮，北京：法律出版社，2003。
5. 魏源，海國圖志。
6. 馬作武，先秦法律思想史，北京：中華書局，2015。
7. 〔英〕柯林伍德，歷史的觀念，北京：商務印書館，1997。
8. 李劍鳴，歷史學家的修養和技藝，北京：三聯書店，2007。
9. 丁耘，陳新，思想史研究，桂林：廣西師範大學出版社，2005。
10. 錢穆，現代中國學術論衡，北京：三聯書店，2001。
11. 徐繼畬，瀛環志略，臺灣華文書局影印道光三十年福州版。
12. 郭嵩燾，倫敦與巴黎日記，長沙：嶽麓書社，1984。
13. 薛福成，薛福成日記，長春：吉林文史出版社，2004。
14. 魯迅，魯迅全集，北京：人民文學出版社，1981。
15. 譚嗣同，仁學，鄭州：中州古籍出版社，1998。
16. 《中國法律思想史》編寫組，中國法律思想史資料選編，北京：法律出版社，1983。
17. 梁啟超，清代學術概論，北京：中華書局，2010。
18. 段玉裁編，戴東原集，卷9。
19. 朱熹，大學章句。

20. 朱熹，小學．嘉言。
21. 〔法〕古斯塔夫．勒龐，大眾心理研究：烏合之眾，北京：新世界出版社，2015。
22. 張新國，世界古文明，長春：北方婦女兒童出版社，2011。
23. 〔美〕浦嘉珉，中國與達爾文，南京：江蘇人民出版社，2008。
24. 華青，中國大百科全書：社會學，北京：中國大百科全書出版社，1991。
25. 〔美〕克利福德．格爾茨，文化的解釋，南京：譯林出版社，2014。
26. 李宏圖，密爾〈論自由〉精讀，上海：復旦大學出版社，2009。
27. 朱熹，大學章句。
28. 老子，道德經。
29. 戚學民，嚴復〈政治講義〉研究，北京：人民出版社，2014。
30. 〔英〕約翰．密爾，論自由，北京：商務印書館，2007。
31. 〔英〕約翰．密爾，論自由，北京：商務印書館，1982。
32. 楊陽，富強抑或自由——嚴復憲政思想研究，北京：中國人民公安大學出版社，2009。
33. 盧梭，社會契約論，北京：商務印書館，1982。
34. 馬作武，中國法律思想史綱，廣州：中山大學出版社，1998。
35. 張晉潘，楊堪，林中合，中國近代法律思想史略，北京：中國社會科學出版社，1984。
36. 王人博，憲政文化與近代中國，北京：法律出版社，1997。
37. 托克維爾，論美國的民主，北京：商務印書館，2014。
38. 錢滿素，愛默生和中國——對個人主義的反思，北京：三聯書店，1996。
39. 盧梭，論人類不平等的起源和基礎，北京：商務印書館，1962。
40. 曹聚仁，中國學術思想史隨筆，北京：三聯書店，1986。
41. 侯宜傑，二十世紀初中國政治改革風潮，北京：人民出版社，1993。
42. 胡適著，海星編，四十自述，深圳：海天出版社，1992。
43. 陳永正編，康有為詩文選，廣州：廣東人民出版社，1983。
44. 康有為，大同書，上海：古籍出版社，1956。
45. 陳慧道，康有為〈大同書〉研究，廣州：廣東人民出版社，1994。
46. 康有為，延香老屋詩集，上海：上海廣智書局，1911。
47. 丁文江，趙豐田編，梁啟超年譜長編，上海：上海人民出版社，1983。
48. 梁啟超，飲冰室合集．專集，北京：中華書局，1989。
49. 陳鵬鳴，梁啟超學術思想評傳，北京：北京圖書館出版社，1999。

50. 汪榮祖，康有為論，北京：中華書局，2006。
51. 張明園，立憲派與辛亥革命，上海：上海三聯書店，2013。
52. 李劍農，戊戌以後三十年中國政治史，北京：中華書局，1965。
53. 遲雲飛，清末預備立憲研究，北京：中國社會科學出版社，2013。
54. 徐爽，舊王朝與新制度——清末立憲改革（1901～1911）紀事，北京：法律出版社，2010。
55. 勞祖德編，鄭孝胥日記，北京：中華書局，1993。
56. 柳宗元，柳宗元集，北京：中華書局，1979。
57. 王中江，嚴復與福澤諭吉——中日啟蒙思想比較，鄭州：河南大學出版社，1991。
58. 胡適，先秦名學史，上海：學林出版社，1983。
59. 歐陽哲生編，胡適文集，北京：北京大學出版社，1998。
60. 楊堅點校，郭嵩燾詩文集，長沙：嶽麓書社，1984。
61. 〔美〕約瑟夫·斯托里，美國憲法評注，上海：上海三聯書店，2006。
62. 唐浩明，楊度下卷，北京：人民文學出版社，2002。
63. 楊菊隱，六君子傳，北京：中華書局，1946。
64. 陶菊隱，北洋軍閥統治時期史話·洪憲帝制和護國戰爭時期，第 2 冊，北京：三聯書店，1957。
65. 左玉河編，中國近代思想家文庫·楊度卷，北京：中國人民大學出版社，2015。
66. 孫中山，建國方略，廣州：廣東人民出版社，2007。
67. 陳越光，陳小雅，搖籃與墓地，成都：四川人民出版社，1985。
68. 蔣永敬，民國胡展堂先生漢民年譜，臺北：臺灣商務印書館，1980。
69. 周聿峨，陳紅民，胡漢民，廣州：廣東人民出版社，1994。
70. 陳紅民、方勇編，中國近代思想家文庫·胡漢民卷，北京：中國人民大學出版社，2015。
71. 陳獨秀，獨秀文存，合肥：安徽人民出版社，1987。
72. 李大釗，李大釗文集，北京：人民出版社，1984。

四、文章

1. 徐復觀，研究中國思想史的方法與態度問題，徐復觀，中國思想史論集，上海：上海書店出版社 2004：1。
2. 〔英〕卡萊爾，英雄與英雄崇拜，何兆武編，歷史理論與史學理論：近現代西方史學著作選，北京：商務印書館 1999：245。

3. 張玉光，傳統文化與嚴復自由、共和的憲政觀，雲南社會科學，2006.1：40～44。
4. 胡一，從中西文化的比較看嚴復的自由主義思想，福建師範大學學報（哲學社會科學版），2004.2：31～35。
5. 代佳，進化論視野中的自由主義——嚴復自由思想探析，碩士論文，首都師範大學，2009。
6. 郭道暉，近代自由主義思想的中國先知——嚴復自由觀的法理解讀，中國法學，2006.6：3～13。
7. 黄晨，救亡圖存背景下的個人自由——嚴復譯作〈群己權界論〉的基本追求，碩士論文，西南政法大學，2009。
8. 馬小媛，論嚴復的自由觀，碩士論文，華東師範大學，2005。
9. 沈莉莉，論嚴復的自由觀——以〈政治講義〉為中心，碩士論文，上海師範大學，2013。
10. 高玉，論嚴復的自由主義思想及其近代意義，福建論壇．人文社會科學版，2004.1：67～72。
11. 陳金全，論嚴復自由主義的法律思想，現代法學，1993.5：74～78。
12. 劉曉洲，嚴復的自由思想，西南交通大學學報（社會科學版），2006.6：93～97。
13. 高力克，嚴復自由觀之悖論，浙江大學學報（人文社會科學版），2013.3：147～159。
14. 楊陽，嚴復憲政思想研究，博士論文，重慶大學，2008。
15. 秦暉，晚清儒者的「引西救儒」，http://www.infzm.com/content/46377，2016.12.20。
16. 郭嵩燾，致李傅相，養知書屋文集，卷十三，上海：上海古籍出版社 2002：289。
17. 秦暉，引西救儒：西學可以把儒家從法家的壓迫中解救出來，http://www.toutiao.com/i6304253820729819650/，2016.11.9。
18. 陳寶琛，嚴君墓誌銘。
19. 嚴復，道學外傳，國聞報，光緒二十四年四月十七日。
20. 徐儀明，道家與現代科學思維方式的內在聯繫，河南師範大學學報（哲學社會科學版），2004.7。
21. 吳展良，中西最高學理的綰合與衝突：嚴復【道通為一】說析論，http://www.rujiazg.com/article/id/12292，2018.3.22。
22. 史革新，嚴復科學民主思想議略，北京師範大學學報（社會科學版），2005.2。

23. 王人博，何謂中國憲政思想，http://www.aisixiang.com/data/99167.html，2017.9.11。

24. 美國獨立宣言，http://www.360doc.com/content/16/0505/20/32504448_556574944.shtml，2018.1.3。

25. 傅正，斯賓塞「社會有機體」論與清季國家主義——以章太炎、嚴復為中心，近代史研究，2017.2：34～51。

26. 羅素，論人性與政治，http://mp.weixin.qq.com/s/mU6AAOXCa1EBGJ5tkCGKcA，2017.9.28。

27. 王栻，嚴復與嚴譯名著，論嚴復與嚴譯名著，北京：商務印書館，1982：4。

28. 孫寶琦，出使法國大臣孫上政務處書，東方雜誌，第一年第 7 期。

29. 董小燕，試論嚴復政治觀的經驗主義特徵，浙江大學學報（人文社會科學版），2008，5：152～159。

30. 馬勇整理，嚴復未刊書信選，近代史資料總 194 號，北京：中國社會科學出版社，2002：67。

31. 胡適，五十年來中國之文學，民國叢書，胡適文存二集卷二，上海：上海書店據亞東圖書館 1928 年版影印，114。

32. 李澤厚，論嚴復，商務印書館編輯部，論嚴復與嚴譯名著，北京：商務印書館，1982：128。

33. 李廣榮，嚴復譯著：近代中國知識分子公共性之構建，山西師大學報（社會科學報），2010，1：112～116。

34. 俞政，嚴復譯著的社會影響，東南學術，2004，3：67～74。

35. 陳思和，嚴譯林譯，功莫大焉——寫於商務印書館創辦 120 年之際，http://history.gmw.cn/2017-04/08/content_24159211.htm，2018.3.13。

36. 陳家彤，康有為〈大同書〉的進化論思想，劉善章，劉忠世編，康有為研究論集，青島：青島出版社，1998：103～115。

37. 梁啟超，開明專制論，新民叢報，第 4 年第 3 號：10～11。

38. 梁啟超，答某報第四號對本報之駁論，新民叢報，第 4 年第 7 號。

39. 梁啟超，國會請願同志意見書，國風報，第 1 年 9 期：69～84。

40. 李新宇，嚴復的朋友們（一）：鄭孝胥，名作欣賞，2010，7：29～31。

41. 中國第二歷史檔案館編，民國檔案史料彙編，第 1 輯，南京：江蘇古籍出版社，1957，100～101。

42. 于宏威，1906～1908 年的鄭孝胥與預備立憲公會，石家莊鐵道大學學報（社會科學報），2014，3：90～94。

43. 陳文英，預備立憲公會與 1910 年國會請願運動，河南師範大學學報（哲學社會科學報），2006，3：147～149。

44. 饒懷民，李燮和、嚴復與籌安會——兼論民國初年籌安會「六君子」，湖南農業大學學報（社會科學版），2006，12：77～81。
45. 陳獨秀，敬告青年，新青年，第 1 卷第 1 號。
46. 李大釗，孔子與憲法，甲寅日報，1917.1.30。
47. 陳獨秀，復辟與尊孔，新青年，第 3 卷第 6 號。
48. 陳獨秀，憲法與孔教，新青年，第 2 卷第 3 號。
49. 吳虞，吃人與禮教，新青年，第 6 卷第 6 號。
50. 陳獨秀，吾人最後之覺悟，新青年，第 1 卷第 6 號。
51. 周國平，中國人缺少什麼，https://www.douban.com/group/topic/9238171/，2017.11.17。
52. 秦暉，儒家的命運，https://mp.weixin.qq.com/s/FfaipwRIQMslk4C4npLu6Q，2017.12.4。
53. 王人博，近代以來的中國憲政思想，http://www.aisixiang.com/data/40202.html，2017.12.26。
54. 馮英，漸進主義：自由實現的方式——論嚴復的社會變革思想，北京科技大學學報（社會科學版），2003，4：63～66。
55. 蕭功秦，「嚴復悖論」與近代新保守主義變革觀，http://www.aisixiang.com/data/21366.html，2018.4.10。
56. 劉志琴，把史學作為科學，則史學亡；把史學作為智慧，則萬世不竭，https://mp.weixin.qq.com/s/GHAn0Jhqi7DM2NMPv6n0uQ，2020 年 4 月 27 日。

五、英文文獻

1. Charles Louis de Secondat, Baron de Montesquieu: *The Complete Works of M. de Montesquieu* (London: T. Evans, 1777), 4 vols. Vol. 1.
2. Susan Haack: *Defending Science-with reason* (NY: Prometheus Books, 2003).
3. 科學和科學方法的定義，http://www.sciencemadesimple.com/science-definition.html, http://www.sciencemadesimple.com/scientific_method.htm, 2016.11.17.
4. Reductionism. http://www.iep.utm.edu/red-ism/, 2016.11.17.
5. Alfred North Whitehead, *Process and Reality* (Free Press, 1979).

附錄一：自然科學和社會科學的劃分及它們之間的公例不能等同

我們首先要明確是否存在社會科學和自然科學的區分及相互間的關係這一問題。統一論者與二分論者在關於自然科學與社會科學的關係上各執己見。一方面，統一論認為兩者在本質上是相似的。其中，樂觀的統一論者認為自然科學雖擁有得天獨厚的優勢地位，但社會科學最終也能夠還原成物理學；而悲觀的統一論者認為自然科學和社會科學都被政治利益以及修辭所滲透。另一方面，二分論卻認為兩者之間存在本質的區別。其中，樂觀的二分論者認為兩者是平等且獨立存在的；而悲觀的二分論者卻認為「社會科學」不配稱為科學。

蘇珊・哈克教授在 *Defending Science-with reason* 一書中指出，上述觀點都是盲人摸象：〔註 1〕

> 社會科學同自然科學是一樣的還是有所區別？當然，兩者都是。它們都是一種系統化的探究經驗的形式。但是在社會科學中有主觀因素，比如人們的信念、意識、希望、恐懼等，如何去解釋他們的行為，我建議說——意識（Intentional）。那麼意識性社會科學能還原成物理學嗎？不行——但也可以。社會科學的解釋系統涵蓋如信念、目標之類的意識元素，但是它不像那些樂觀的統一論者所認為的那樣可以純粹還原成客觀的物理學。儘管如此，意識性社會學和

〔註 1〕參見 Susan Haack: *Defending Science-with reason* (NY: Prometheus Books, 2003), p151～177.

自然科學並不是完全不相關，反而將其和自然科學整合在一起。那意識性社會學研究的世界和自然科學一樣的嗎？當然，但是比起自然學那種粗略地還原物理學，意識性社會學的研究要好多了。意識性社會科學研究人們的信仰等意識，那些意識是真的，也在構建著社會。

那麼意識性社會學和自然科學用的是同一種研究方法嗎？是——但也不是。就和實驗科學的研究方式一樣，社會科學也是在苦苦分析現象的基礎上進行推理。社會科學研究需要檢查基於實驗證據給出的推測是否合理，然後根據研究人員的知識和經驗對這些推理產生判斷。但是這種研究試圖探索與自然科學解釋不同的方式：比如解釋證據時需要各種不同種類的信息背景作為基礎；意識性社會科學的審查需要各種不同的「幫助」。

那麼意識性社會科學研究是中立價值（Value free）〔註 2〕嗎？當然不是，但從另一方面講也是。社會科學研究的價值和我們的道德和政治敏感是緊密聯繫在一起的，並且社會研究的目的經常被陷於一種類似迎合的陷阱中。儘管如此，對比起那個曖昧的「中立價值」，就像自然科學研究都遵從於實驗邏輯研究價值一樣，即研究人員對任何證據都不關心，社會科學研究也遵從這一原則。為什麼比起自然科學研究，意識性社會科學研究沒有取得那麼大的發展？當然有很多主要原因，但這一原因不容忽視：在社會科學研究中要做到結論與證據相符比自然科學要難得多。比如社會學研究者從自然科學那裡借來的通過數學和系統論來解釋證據，好讓研究看起來「科學」，但事實證明卻是無效的。

如果無視上述相關因素，可以將社會科學和自然科學看成是一個整體，在這個前提下，再來分析它們的關係。

像自然科學一樣，社會科學與其研究的聯繫不是緊密的。不同點就是比起自然科學，社會科學研究的對象是人的主觀意識相關的

〔註 2〕價值中立是從事社會學研究必須遵守的方法論準則。因為事實判斷與價值判斷之間有著不可逾越的鴻溝，因此我們不能從事實判斷上的「是」與「不是」推論出價值判斷上的「應該」與「不應該」。

社會現象。至少這點是老生常談：社會科學研究的對象要比自然科學的複雜多了。這是正確的。但是一個難的問題是，這個社會科學研究的對象複雜在哪兒？在於是人類意識主導下引致的社會現象，當然這種研究不是人類生物學。

我們人類是如此懂得運用符號意義形式。這種複雜的符號意義形式參雜著各種信念、意圖和目標，通過人類自己的句子、地圖及畫像等輸出對世界的認識。——這種認識反映的是對世界、我們自己、我們在世界中的位置的認識。更進一步地說，這種認識結合了一個部落、社區乃至社會的意識產生了金錢和婚姻等形式。人類生物學，也是如此的複雜，它並不關注人類本身的信念、意識、希望、恐懼，但是心理學、社會學、經濟學等卻必須關注。

醫學在對心身疾病〔註 3〕或類似心理安慰效應等探究中會關注到人們的意識，在這裡它跟社會學有一些交疊的地方。自然科學在某些時候也會考慮到人們的意識，而社會科學則不會。從社會科學的分類來看，一方面近似自然科學；一方面又有些東西類似於歷史、文學、法律的學識。值得注意的是，在生理學的研究中——還沒有涉及到認識；是涉及到無認識或認識前的一些人類思維。當然還是要研究經由人類意識支配的行為。比如在人腦的生理學研究中，研究大腦某個部分是決定男女認知不同的。——這個研究跨越了意識和無意識兩大範疇。無疑，這很難指出哪些研究問題是基於人們對他自身及周圍世界的認識；哪些又不是。這些就是迄今為止哲學家仍在繼續廝殺的原因。

社會科學經常被描述為「闡釋性」（Interpretive）的。如果這樣定義它的研究的話，在有時候就好像是默認了可以用說明的方法代替闡釋。這樣容易導致將社會科學的「闡釋」同化為文學式的說明。在一些情形下，對「闡釋」的這種多重模糊性會產生很多重大問題。在我們的感覺裏，所有實驗研究，包括自然科學的實驗研究都是「闡釋性」的：它們都用「闡釋」的方法表明證據，通過證據的強弱來判斷多大程度上證據能回答問題。在另一種情況下，所有的人類進行的研

〔註 3〕一種以生理症狀為主，但其診斷與治療要特別考慮到心理因素的疾病。

究都好像是「闡釋性」的。因為它們都體現了這樣的特徵：需要證據支持；都要求通過觀察、實驗和思維推理得到報告。所以，與其將精力集中到如何標識出人類的信念、願望、意圖等身上，還不如直接避免掉「闡釋性」這個陷阱，所以寧願選擇「意識性」社會科學。

意識性社會科學研究範疇包括人們的信念、目標等。但是每個學科分支都通過自己的方式研究它們。心理學家致力於認識人類知覺的謬誤；經濟學家則在計算著多重利益影響下的顧客信心及其利益回報；社會學家則在研究每一個認知的增量對社會造成的結果；人類學家卻致力於發現人類部落中各種儀式的內在程序。所有的這些都是在研究人類的信念及其行動，然後將其轉換為各個學科自己的語言（闡釋是在另一種程度上適用的）。但是就是這些不同點導致了它們的重要性：意識性特徵貫穿所有這些學科的研究中，這就使得要回答這個問題（——即它們是否能還原成物理世界的規則），如此的備受爭議和艱難。

社會科學的還原機制比起自然科學來講，獨具特點。它具有將人類語言——更確切說是那些傳統的符號組成了複雜的信念和意圖模式。讓人類得以傳遞技能和信息，去思索一些以前從來沒有過的思維。我們想像一下人類的信念及由此產生的行為，我們討論它的還原機制時會不由自主地被拖到兩個方向。一方面看，那個本質的東西應該是由信念構成的；從另一方面看，應該是物理學的再現。當我們對其還原時就會顯示成如下的形式：一個行為得到另一行為的支持或禁止，所以信念可以成為人們支持或反對的原因或其他形式。也就是前者蘊含了後者（從簡單及總括的角度考慮這樣一個聯結式：原因蘊含著信念）。在推理和解釋一個行為時都要求信念起一個前因的作用，即在每一個由某個信念產生某個行為的特定因果關係中，在每一次人們產生一個信念時，就會有一個與之相應的行為在物理現象中產生，這個行為必須符合物理學原則，這個過程看起來像神經生理學的構造。是這樣嗎？當然不是。我們的大腦可比螺絲和齒輪做成的鐘錶來說複雜多了。但是信念這個「前因」導致在現實世界的行為，無論在哪個結構中都能得到適當地體現。它可以通過人們的語言、製作的發動機等形式展現在物理現象中。通過這個過程（要嚴格區分與此相關的神經生理學構造），人類經過邏輯的行為構建了邏輯的世界。

我們可以看出，這個還原機制是完全是物理的，也不完全是物理的，所以這個還原機制還有些補救的方式。它可以純粹就是個社會歷史的故事，通過語言、意義或對未來物質社會的想像（儘管還沒有發生）展示。

比起上述的還原機制，我們可以強烈的相信，自然和社會是一個統一體。邏輯提供了一個簡單強大的概念系統，世界上所有的真理都應該相互契合，否則就會面臨一個晦澀的事實：異質的真理要麼不是真理，要麼就不能契合。一張地圖模式可以更好地說明這個問題：在一個領土上疊加著許多道路、城鎮的形狀，但在現實中卻實際地聯繫在一起：這條路過去是湖，然後再過去就是山，城市就在那裡，一條河穿過城市，諸如此類。自然科學起草了一幅地圖的外形，那裡是由生物學決定的人類世界：重疊著由生物本性決定的人類文化、社會現象，從中你可以推導出巴布亞新幾內亞的結婚習俗、蘇聯在經濟上的破產；17 世界在歐中興起的現代科學等等。

那麼還原成的物理現象是否為真呢？當然了。因為我們研究的自然科學各個方面都有賴於我們：包括自然科學的理論、法則、現象，如果沒有人類及人類的語言，它就不會存在。無論怎樣講，最主要的是要符合這個條件：要不是有人類祖先這樣一種生物種群，它沒有被滅絕，要不是它的基因改變、多樣化，就不會有人類所研究的這一切！

社會科學和自然科學一樣，它的解釋、推理都要體現一般性。樂觀的統一論者將社會學公例與自然科學公例等同，悲觀的二分論者嘲笑他們這個觀點，秉著上述兩個觀點都不正確的看法，可以發現真理就在它們之間的某個地方。如果自然世界中的人類沒有存在這麼久，就不會有人類歷史，自然也不會產生人類社會的現象。社會現象並不像一些人想像的那樣，互相重疊得那麼厲害。

所以，通過觀察研究，我們一樣可以發現社會現象及其公例，並且將其還原到物理學中，但因為社會科學具有「意識性」的特點，它的公例與自然科學的不可能等同。

附錄二：歷史到底是什麼？

歷史到底是什麼？這是我試圖回答的問題。

（一）認識基礎——文獻

我們不得不承認，歷史學是灰暗的、細緻的和耐心的文獻工作。我們只有在文獻工作中祛除無用繁雜的信息，找到相關資料，盡可能的還原歷史情境及它的發展脈絡。在此過程中，一定要保持客觀性，切忌先入為主的搭建好體系，再從中選取適合自己體系的材料，這樣研究出的歷史只能是偽歷史。

文獻工作處理的是一堆凌亂混雜、殘缺不全，並幾經謄寫的文件。所以我們要耐心細緻地考察原始文獻的語意，探索細節。必須考慮以下方面：它必須在不考慮任何單一的終極因的情況下，標出事件的獨特性；它必須在出乎意料的地方，在我們通常往往認為沒有歷史的地方——在情感、愛、良知、本能及外界因素中——發現事件；它必須對事件的重現保持敏感，但不是為了追蹤事件演進的曲線，而是重新找出事件扮演不同角色的不同場景；甚至還必須界定出與這些事件相關的歷史背景。因此，史學研究依賴於原始材料的大量積累。研究得出的歷史體系是根據對文獻處理的一種非常嚴格的方法建造起來的。

（二）本來面目——散佈的偶然事件

在研究歷史時，切忌尋求事物同一性的努力。一旦有了這種設想，我們就會努力收集研究者頭腦中「已經是的東西」。——那些事物的確切本質、事物最純粹的可能性以及精心加諸事物之上的同一性，以及先於所有外在的、偶然的和繼替的東西的不變形式。如果我們不帶著這個先入為主的偏見仔細傾聽歷史，就會發現事物背後的「不同東西」：那並非一種無時間的、本質的東西，而是事物的異質性。即這些事物都沒有本質，或者說，它們的本質都是一點點地從異己的形式中建構出來的，但在事物的歷史開端所發現的，並不是同一性，而是各種異它事物的不一致，是一種懸殊。

歷史學需要消除關於本質的幻象，必須能夠認出歷史的諸多事件，它的跌盪、它的意外、它並不牢靠的勝利和難以承受的失敗，說明開端、倒退和各個事件的內在聯繫。歷史是一種不斷生成的東西，時而強壯，時而虛弱，時而隱隱躁動，時而暈眩般地狂熱騷亂。

歷史學並不妄稱要回溯，去重建一個超越了一堆呈現散佈狀態事物上的宏大的連續性；它的義務不是要證明，過去在現在之中積極地發揮作用，繼續秘密地賦予現在以活力，也不是在昔日的所有興衰成敗之上強加一種從一開始就已勾劃好的形式。相反，梳理散步狀態的複雜進程就是要將一切已經過去的事件都保持它們特有的散佈狀態上；它將標識出那些偶然事件，那些微不足道的背離，或者，完全顛倒過來，標識那些錯誤，拙劣的評價，以及糟糕的推理；它要發現，歷史體系並不位於我們所知和我們自以為是的「根源」，而是位於諸多偶然事件的外部。

由於人們往往在不間斷的連續性中尋找歷史，所以也常把「現在」放在歷史研究的起源處，使人們相信這樣一個尋求本質的含糊工作，但是事實卻證明：沒有本質的預見力量，歷史只是諸多力量支配的偶然遊戲。

事件總是在諸多力量構成的某種狀態中產生的。對事件的分析必須描述各種遊戲及其方式，包括這些力量相互發動的鬥爭，或針對不利環境發動的鬥爭，或那些企圖通過這些力量的分裂、使之互相爭鬥而避免退化，並重新獲得力量的努力。因此，事件是諸多力量登場的入口；事件就是這些力量的爆發，各種力量從幕後躍到臺前，每種力量都充滿活力。

傳統歷史在面向過去時，是在歷史的總體性中去把握過去，它讓我們追溯過去時把它看作一個被動的連續運動，整個歷史學的傳統都傾向於把獨特事件化入一個理念的連續性之中，化如一個目的論運動或一個自然的鏈條中。事件不是一次決定，一項條約，一段統治，或一場戰鬥，而是相互對立的力量構成的一種關係，是被篡奪的權力，是以子之矛、攻子之盾，是一種使自身脆弱、鬆懈，並毒化自身的支配，是一個帶著面具的「他者」的出現。在歷史中起作用的力量既不是由命運，也不是由機制所控制的，而是戰鬥導致的機遇的結果。它們沒有呈現為一種原初意圖的一連串形式，也沒有採取一種結局的形態，因為這些力量總是體現在事件的隨機獨特性上。我們存在於無數遺失的事件堆中，沒有里程碑，也沒有一個原初的座標。〔註 1〕

（三）研究方法——有跡可循

上述所論歷史是散佈的偶然事件，並不意味著歷史不具有任何的可追索性，無跡可尋。歷史是人類創造的歷史，在這一系列歷史事件中，人類意志起了主導作用。人類意志是由人的本性決定的，比如愛、恨、喜悅、生氣、嫉妒、豔羨、侵略、雄心等。在一系列散佈的偶然事件中抓住起主要或決定作用的人物意志，再沿此線索串起相應的事件。因此，歷史是有跡可循的，它能總結社會規律。

〔註 1〕米歇爾·福柯：《尼采·譜系學·歷史學》（1971 年），蘇力翻譯，網址：http://mp.weixin.qq.com/s/Jcu7xEc-2lht2-55aZ-9wA，最後訪問時間 2017 年 1 月 19 日。儘管福柯論述的是譜系學的歷史，但可以從中看到他對歷史的觀點。

附錄三：歷史課題：中西文化類型的不同

新文化運動中嚴復的態度反映了他在面對中西文化時的矛盾心理。我想這不僅是困擾嚴復的問題，也是嚴復引進西學後遺留的歷史課題。

徐忠明老師在《也說世界體系與中國法律的理想圖景》中論述道：「在當下，對業已融入世界體系的中國來說，它的法律理想圖景究竟是什麼呢？坦率地說，我不知道，也無法刻畫它的具體內容。但是，我理解禪師那句『拆了門檻，便無內無外』的意味。我覺得，我們應該抱持一種開放的心靈，吸納現代西方的法律理想圖景，使它與中國社會融為一體，這是建構未來中國法律理想圖景的惟一可能的途徑。在中國歷史上，禪宗算是一項本土化的成就。事實上，在西方歷史上，所謂『黑色雅典娜』多少也能佐證，現代西方文化乃是東西方多元文化融合的產物；而『黑色蓋尤斯』則意味著現代西方的法律文化，也是東西方多元法律文化會通的結果。由此，我們可以說，無論融合抑或會通，其實都是一種創造，因此它完全可以成為我們建構『中國法律理想圖景』的有效手段；在這一脈絡中，我想說，『未來中國的法律理想圖景』必定是由此產生的果實。總之，在當今的世界體系裏，一幅『中國法律的理想圖景』必將是充分吸納現代西方法律體系的核心價值，而又能創造性地融會中國本土的法律經驗的混合圖像。捨此，也就無所謂建構『中國法律的理想圖景』可言。」〔註 1〕

為了這幅「混合圖像」，已經有很多學者致力於中西法律的比較，以期解

〔註 1〕徐忠明：《也說世界體系與中國法律的理想圖景》，《政法論壇》2006 年第 4 期。

決「移植進來的現代西法法律體系和法律理論與中國社會和民眾心態的脫節現象。」但這些比較總讓人有一種隔靴搔癢之感，繞不過「城市導向的現代西方法律體系和鄉土本位的中國社會」之間的藩籬。〔註 2〕這些「比較」沒有文化史敘述主線，「比較」缺乏連貫性，每每比較的結果就像開菜單似的列出一二三四五六七這樣的不同點，總有給人一種不能尋根索源的困惑。如果能更進一步，尋索文化的源頭，看它們的不同處究竟在哪裏，為什麼會這樣，也就是所謂的追根溯源式。就像比較兩個不同的人，他們性格、行為的不同只是表象的東西，如果再進一步追問，為什麼他們會有這樣的不同，就會瞭解到原來他們的出生家庭、所受教育、成長的環境等造就了他們如此的截然不同，就能夠引導人們從根本上理解並設身處地的為他們著想。

我們的法學學者如果不能從文化的源頭處尋索，我想是很難轉換思維方式，「設身處地」的解決中西法律隔閡的問題的。所以單從「比較」這一塊，我們做得就很不夠，又何談讓研究來催生「中國法律的理想圖景」？
在這方面，徐忠明老師的研究可謂讓我醍醐灌頂！在《包公故事：一個考察中國法律文化的視角》著作中，提出法學「功能研究」和「類型研究」兩種方法的區別。「功能研究」的方法是楊鴻烈先生創造的，自從先生在 1936 年發表了《中國法律思想史》，確立了中國思想史研究的基本範式，即試圖用現代（法學與史學）方法闡釋中國古代的法律制度，表現為用西方的法律分類模式、法律術語、乃至歷史編撰方法來「重構」中國古代的法律制度、思想。但是這種按照現代法律知識體系來闡釋中國古代法律思想的模式，使古代中國與現代西方的兩種法律制度的知識類型之間，缺少可能的交流對話和反省檢討的可能。

在鴉片戰爭前的中國古代歷史語境裏，歷史學家根據中國古代法律制度的知識類型，撰寫出了食貨志、選舉志、職官制、禮樂志、刑法志、天文志之類的著作。體現了「先養而後教」、重視官僚選拔與官僚職權的釐定、禮治主義、「禮主刑輔」、「內中華而外夷狄」與「安內必先攘外」的政治法律思想。這套法律制度的知識類型，與我們現在用來研究中國古代法律制度的西方那套知識類型——民法、刑法、憲法、經濟法、行政法、訴訟法等等，有著根本性的差異。而這種差異的背後，蘊涵著中西法律文化的「類型」的區別，並非「枝節」的不同。因此我們有必要對中國法律思想史進行文化類

〔註 2〕徐忠明：《也說世界體系與中國法律的理想圖景》。

型研究。如果將中國法律思想史置於文化類型的視閾予以闡釋，才能把握中國法律思想史的精髓，突破中國傳統歷史語境與現代語境的藩籬，架起一道溝通中國古代與現代法律思想交流對話的橋樑，發現民族法律思想發展的特殊性。所以，重拾中國法文化的傳統，脫離現代西方法文化「功能研究」的語境，去尋索中西法文化不同的文化史軌跡，或許能另外闢出一條蹊徑也未獲可說。〔註 3〕

徐忠明老師嘗試的從中國文學故事入手考察中國法文化是非常的創見之舉！除此之外，筆者認為，從一些關鍵詞著手，以此為切入點比較、溯源中西文化類型，亦是可行的。這些切入點必須突出中西文化的根本差異，而又不能只顧中國文化內在特點的需要，否則，是不能達到研究目的的。所以，從某種程度上講，這種研究模式亦是開放型的，而不是關起門來自數家珍。近來有不少法學著作是從「功能研究」的角度比較中西法文化，比如拿西方的自然法概念和道家的「道法自然」比較；西方的法治與法家的法制比較等等。筆者認為這些比較都是膚淺的，因為中西文化從根上就完全不同。嚴復早就認識到了這一點，所以才要從西方引進科學和民主。為了從文化類型上闡釋中國文化裏沒有民主和理性，筆者以下列兩個關鍵詞進行文化類型的比較：

1. 從中西文化的「中道」比較入手。(即西方憲法權力的「妥協」與中國法文化「中庸」對比入手)。這是中西方構建國家權力的根本不同之處。西方的「妥協」是在對抗基礎上的「妥協」，是鼓勵人們去對賽，去競爭，但又用「友愛」、規則來節制，以免造成整個社會秩序的混亂，並以此為基石構建了整個西方社會的政治和社會秩序；而中國的「中庸」則是在根本沒有對抗能力的各方即嚴格等級秩序的家國社會中上對下或同等級各方之間的一種節制，它不鼓勵鬥爭，反而要求各方從大局出發，相互謙讓，其節制、妥協的目的是維持一個穩定和諧的局面，以維護金字塔型的權力和社會結構。所以中國傳統法文化裏沒有民主。

2. 從老子和皮爾士的認識論三分法入手。認識論是一切科學的根本，它直接決定了人們的思維方式。三分法是中國文化的根，是中國人認識世界的根本方法。老子的三分法是感性的，它是建立在個人經驗基礎之上的；皮爾

〔註 3〕參見徐忠明：《包公故事：一個考察中國法律文化的視角》，中國政法大學出版社 2002 年版，第 6～27 頁。

士的三分法是理性的，它是建立在邏輯以及可以通過實驗證明的經驗基礎之上的。所以中國傳統文化裏沒有理性。

第一節　民主溯源：中西文化的「中道」比較

具有反諷意義的是，嚴復，這位因譯介西方思想而聲名鵲起的人物，會在他的善意的譯著裏使得某些西方思想變得異常難以理解。正如王人博先生所指出的：「中國憲政思想並不是起源於中國的傳統文化，而是起源於西方。」「在新文化運動之前，嚴復是最激烈的儒家思想批判者，因為他一直研究西方文化，他用西方的文字與語言讀懂了西方的文化，他發現西方的文化體系與中國以儒家思想為代表的文化體系是格格不入的。要把西方文化體系拿入中國，必須考慮如何面對儒家思想。」〔註 4〕但是在這「拿來」的過程中，嚴復的思想還是嚴重受限於中國的儒家思想。

譬如，嚴復會使許多人難以理解「個人主義」（individualism）這個詞所代表的西方自由主義傳統，因為他對「個人主義」的理解被自己的「群主義」，以及他對群體優先的激進信念弄得雲裏霧裏。並非斯賓塞獨立引導嚴復去相信：個體只是社會有機體中的一個細胞。嚴復是「自然而然地」領會了斯賓塞的社會有機體的觀念，因為中國傳統深處的某種東西使他趨向於這種觀念。

為什麼同樣是英國的思想家，斯賓塞的社會進化論深刻地影響了嚴復，洛克的三權分立與制衡的學說就沒有得到他的青睞？雖然嚴復在翻譯孟德斯鳩的《法意》時亦介紹了三權分立，但三權分立得以起作用的文化社會機制顯然沒有引起嚴復的重視。從某種程度上嚴復之所以選擇斯賓塞是有深層次的文化原因的。

西方的憲法政制即是以「中道」為核心的政治秩序。即各種不同的政治力量相互對抗，並不是要求得一個「不是你死就是我活」的結局，而是不同的力量相互妥協，尋找到一個權力的均衡點，因此，權力的行使並不集中在某一個政治力量手中，而是由不同的政治力量共同行使，兼具獨裁制、民主制和貴族制的成分。正是這種權力的混合，使政治制度變成一種正確要素的混合物，於是它自身的穩定性保證了國家其餘部分的穩定性。

〔註 4〕王人博：《何謂中國憲政思想》。

中國「中道」（中庸）在民間甚多，雖然亦及於政治法律層面，但與西方的「中道」政治仍存在本質的差別：國家權力從來都是集中在一個政治力量手中，而沒有其他政治力量能與之抗衡。為什麼中國傳統法律文化中有「中道」，卻不能像西方那樣形成各種政治權力的混合？

可見，僅從表面上比較並不能清楚地回答這個問題。為了深入的研究，必須深入到法律文化研究的視閾中，希望對此問題的解答有所裨益。

一、定義與範圍：何謂中道？

（一）西方文化之「中道」

1. 西方倫理之「中道」

希臘也曾有過王權集中的時代，即邁錫尼王國。邁錫尼王國最顯著的特徵首先是其軍事特徵。國王依靠的是軍事貴族，戰車手服從國王的權威，但同時又在王國的社會組織和軍事組織內部組成一個特權集團，具有特殊的地位。其次是鄉村社團和王宮之間不存在一種離開王宮便難以為繼的絕對服從關係。即使取消國王的控制，鄉村社團仍將繼續以同樣的技術耕種同樣的土地。可見，即使是在王權集中的時代，也存在不同的政治力量，只是這些政治力量尚還不夠成熟、強大到能與王權抗衡的地步。

多利安人的入侵摧毀了邁錫尼王國，舊體制被摧毀。這時，由於集中的王權消失，原先因為它的權力而被迫與之妥協的兩種社會力量——鄉村社團和軍事貴族得並存下來。軍事貴族中的那些名門世家還壟斷了某些彷彿是氏族特權的宗教權力。這些相互對立的力量因王宮制度的崩潰而解放出來，它們時常發生劇烈的衝突。

同時，王位繼承也發生了很大的變化。在雅典傳說中描述的王位繼承危機也不是以爭權的一方戰勝其他各方、將全部政權集中在一人手中的方式解決的，而是以王權分裂的方式解決的，每人都只得了權力的一部分，其他部分則讓給了兄弟。可見，重要的不再是某個統治社會的人，而是許多相互對立的、需要加以分配和限制的職能。

這時的希臘社會就成為了一個複合體，它由異質的因素、獨立的部分和相互排斥的職能階層構成，它必須把這一切都混合、融化在一起。這樣，新的問題就出現了：怎樣在敵對的社會集團衝突中、在不同的特權和職能的對抗中形成社會秩序？怎樣在各種難以調合的社會因素的基礎上建立公共生活？

或者說在社會這個層面上，「一」如何產生於「多」，「多」如何產生於「一」？

衝突的力量和團結的力量——爭吵和友愛：這兩種既對立又互補的力量，在繼古老王國而來的貴族世界中，標示出社會生活的兩極。人們既讚美戰鬥、競爭、敵對等價值，又感到屬於一個共同的社會集團，要求社會協調統一。「中道」也由此而產生。它本身也構成一種對賽，即一種在集團和氏族之間展開的有章法、有規則的鬥爭，類似於奧林匹亞賽會上的較量。而且，政治本身也表現為「對賽」的形式，它是一種口才比賽，一種論據對抗，賽場就是廣場，這種廣場是一個公眾集會的地方。在這個等級制的社會裏，所有那些用話語的方式相互對峙、在演講中相互對立的人都是平等的人。任何敵對性，任何爭吵都意味著關係平等，競爭永遠只能在同類人之間進行。即在社會生活中的對賽觀念中包含著平等的精神，〔註 5〕這也是妥協過程中最顯著的特點。

「中道」這一概念在亞里士多德倫理學中具有樞紐意義，「中庸之道」成為其倫理學的核心和靈魂。亞里士多德說：「美德應該是兩個極端之間的中道，而每一個極端都只能是一種罪惡。」〔註 6〕進一步的，亞里斯多德將中道超越人生哲學而著眼於「政道」的層面，推崇中產階級執掌政權。亞里士多德說：「在一切城邦中，所有公民可以分為三個部分（階級）——極富、極貧和兩者之間的階級。現在，大家既然已公認節制和中庸常常是最好的品德，那麼人生所賦有的善德，就完全應當以【毋過毋不及的】中間境界為最佳。處在這種境界的人們最能順從理性。趨向這一端或那一端——過美、過強、過富或太丑、太弱、太賤、太窮——的人們，都是不願順從理性的引導的。第一類人們常常逞強放肆，致犯重罪；第二類則往往懶散無賴，易犯小罪：大多數的禍患就起源於放肆和無賴。……唯有中產階級為基礎，才能組成最好的政體。……我們相信福季里特的祈禱文實在出於至誠：『過無不及，庸言致祥，生息斯邦，樂此中行。』於是，很明顯，最好的政治團體，必須由中產階級執掌政權。」「……凡離中庸之道【亦即最好形式】愈遠的品種，也一定是惡劣的政體。」〔註 7〕亞里士多德和柏拉圖都相信，人們之間既存在著數量上的平等，又存在著比例上的平等。在柏拉圖看來：「對一切人不加區別的平等就

〔註 5〕參見讓—皮埃爾·韋爾南：《希臘思想的起源》，三聯書店 1996 年版，第 26～34 頁。

〔註 6〕參見龐樸《〈中庸〉平論》，《中國社會科學》1980 年第 1 期注釋④。

〔註 7〕亞里斯多德：《政治學》，商務圖書館 1965 年版，第 205、206、209 頁。

等於不平等，兩方面都會使公民之間充滿著爭吵。」〔註 8〕

2. 西方政治文化之「中道」——市民階級

在西方，古代與中古時期的城市、中世紀的教廷集會與興起中的國家，都是這種「中道」倫理實踐化、理性化的方式。西方古代的城邦，無論其依附於土地貴族的程度有多強烈，基本上是從海外貿易發展起來的。開放的地理、生產技術的提高促使民族的跨海大遷移，並在大遷移中形成了既保持城邦獨立性又不被地域所封閉的文明路徑：（1）跨海大遷移切斷了血緣關係的路徑。跨海遷移的一個顯著特點使不同種族體系的大混合，因為必須拋棄的第一個社會組織是原始社會裏的血緣關係。這一點同陸地上的遷移不一樣，在陸地上可能是整個的血族男女老幼家居雜物全裝在牛車上一塊兒出發，在大地上以蝸牛的速度緩緩前進。（2）血緣關係被切斷後，希臘人原有的自立門戶的強烈願望，不僅決定殖民城邦遵循「分裂繁殖」的擴張路線，也決定了這些殖民城邦老是相互競爭，相互敵對，不能團結起來對付全民族的共同敵人。因而始終無法向高度集中的集權路線發展。（3）自立門戶的強烈願望，在發達的海上貿易和頻繁的邦際交往的狀況下，還發展出了一套以契約為基礎的文明。就像湯因比所說的：「在民族大遷移的過程中，跨海遷移的苦難所產生的另一個成果是在政治方面，這種新的政治不是以血族為基礎，而是以契約為基礎的。」（4）綜合上述三個方面，跨海大遷移最終導致了沒有分化的原始社會制度的萎縮，國與家徹底分離。〔註 9〕

典型的西方中古內陸城市，在很早以來就已轉變成具有固定權利的高度特權團體。這裡權利被有計劃地擴張，因為當時的城市領主缺乏管理都市的技術，再加上城市本身是一個軍事團體，有能力關起城門成功地抵抗騎士軍隊。西方古代的城邦，是個自有其政治特權的「共同體」，有自己的「城市法」。城市裏有西方古代的市民階級——自己武裝的軍人階層。比如像熱那亞那樣的軍事誓約團體，成為城市自身的防衛武力，可與城市的封建領主開戰或結盟，以爭取城市的自治權。有參事會、議會或由商人與工匠所組成的政治團體——例如以城市地區之軍事獨立權為基礎的商人行會之勢力的興起。〔註 10〕

〔註 8〕亞里斯多德：《政治學》，第 311 頁。

〔註 9〕參見郭小聰：《中西古代政府制度及其近代轉型路徑約束比較》，中國社會科學出版社 2005 年版，第 56～60 頁。

〔註 10〕參見馬克思．韋伯：《中國的宗教：儒教與道教》，廣西師範大學出版社 2014 年版，第 40～42、41～45 頁。

（二）中國文化之中道

1. 中國倫理之「中道」

中國法文化中的「中道」即「中庸」。「中庸」的精髓實際上是將個體的行為倫理化、規範化，以穩定傳統社會的統治秩序。《中庸》說的「中庸之道」，是人人都能行的，而且是人人已經或多或少地在行的。所以人人都能於其中得到一個「安身立命之地」。這個「道」即「天下達到五，所以行之者三。曰，君臣也，父子也，夫婦也。昆弟也，朋友之交也。五者，天下之達道也。知、仁、勇三者，天下之達德也，所以行之者一也。」這裡所謂「達道」，就是傳統社會中的五種人與人的社會關係，即所謂「五倫」。這裡所謂「達德」，就是傳統社會中的個人道德品質。《中庸》所說「率性之謂道」的「道」包括此二者。

《中庸》認為，這個道是本於人性的，不照著這個道就是違反人性。在傳統社會中，人確實都在「君臣」等「五倫」的關係之中，照著這些關係所要求的規範生活，這些都是平常的事。平常的事稱為「庸」。《中庸》就是要求傳統社會中的人，都照著統治階級的標準，過這樣的日常生活。「所求乎子」，「以事父」；「所求乎臣」，「以事君」；「所求乎弟」，「以事兄」；「所求乎朋友」，「先施之」。這裡所謂「求」，都是照著統治階級的標準而辦的。這就是所謂「庸德之行，庸言之謹」。在這種標準和要求下，傳統社會中的人都安於他們的現狀，「素富貴，行乎富貴；素貧賤，行乎貧賤；素夷狄，行乎夷狄；素患難，行乎患難。君子無入而不自得焉」。封建社會中的人，也都要安於他們的階級地位，「在上位，不陵下；在下位，不援上；正己而不求於人，則無怨。上不怨天，下不尤人」。這樣中國古代社會就可以鞏固起來。〔註11〕

從「中禮」出發，提出了「時中」思想。孔子認為，「夫禮所以制中也」（《禮記・仲尼燕居》），禮是人們社會化的重要途徑，「不知禮，無以立也。」（《論語・堯曰》）但是，我們知道，禮作為一種行為規範體系具有相對的穩定性，相對於不斷變化的社會和日趨複雜化的人類心理而言，它必然具有某種客觀上的滯後性，如，禮儘管可以從血緣關係之中獲得某種物質基礎，但是，事實上並不是所有的禮儀都可以從血緣之情中獲得解釋，傳統社會儘管具有家國同構的特徵，但是從家庭倫理中所能衍生出的社會倫理在邏輯上畢

〔註11〕參見馮友蘭：《馮友蘭選集》，北京大學出版社2000年版，第488～499頁。

竟存在著許多矛盾。針對於這一現象，孔子提出了「禮，時為大」的觀點，即時代變化了，禮就應隨之而變，只是由於家國同構的社會結構在中國傳統裏不可能發生根本性的改變，所以，孔子認為，禮儀之變也不可能是根本性的，小的或次要方面的「損益」是可以的〔註12〕)，但大的方面還是要「從周」。故孔子雖以「禮」為「中」的標準，但是它不是終極的標準，終極的標準有兩個，一是內在的主體之「仁」，另一是外在的客觀之「時」。「中禮」是以「中時」為基礎的。

從「用中」出發，提出了「和中」的思想。傳統倫理學認為：「夫禮者，所以定親疏，決嫌疑，別異同，明是非也。」(《禮記・曲禮》) 禮的主要功能就是要對人類關係中所存在的自然差異和社會差異進行定格化處理，以此來維護一種以等級結構為特徵的社會秩序。如在家庭關係中，血緣親和性即「親親」雖是「民之結也」(《國語・晉語四》) 即是家庭團結得以維持的紐帶，但是，這種血緣親和性也存在著一種混元傾向，若任其過度發展，也容易導致一種「沒大沒小」的無序狀況，孔子所講的「女子」與「小人」「近之則不孫」〔註 13〕就是這樣。因此，禮的植入就是要將這種血緣親和性所具有的黏合力向外作適當的撐開，使家庭關係呈一種有序結構性狀態。不過，另一方面，如果過分地強調禮的這一功能，過分地壓抑血緣親和性的要求，則同樣會出現「遠之則怨」的狀況。至於在君臣關係中，由於利益親和性乃是決定性的因素，禮作為這樣一種利益關係或權利的表達形式，主要是通過一種暴力機制來維持的，因而禮的過度張揚具有某種必然性。總之，禮是社會得以呈有序結構的必要條件，但禮本身又是這種有序結構的異化力量之一。正因為這樣，孔子認為，「禮之用」是一個主要的問題。

關於「禮之用」，孔子的根本觀點是「和為貴」。正如程子所說：「禮勝則離，故禮之用，和為貴。」(《論語・學而》) 是說，「禮之用」不能過度，過度則會使結構離散，因而保持社會結構的穩固即「和」這是禮之用的根本宗旨，用我們所熟悉的話來說，所謂「和為貴」就是穩定壓倒一切。但是，如前所述，孔子所講的「和」是一個有別於「同」的概念，他說：「君子和而不同，小人同而不和。」(《論語・學而》) 並不排斥「不同」，甚至「和」必須是以「不同」為基礎，沒有「不同」的「和」是一種表面的和

〔註12〕見《論語・子罕》。
〔註13〕見《論語・陽貨》。

諧，這就是說，在「禮之用」的過程中，作為主體一方面要嚴格遵守禮的規定（「不以禮節之」的「和」，孔子認為是一種「知和而和」，而此類「和」是「亦不可行也」），另一方面主體要充分意識到處於系統中各元素的獨特性及其價值，並予以尊重；其中尤其重要的是，作為權利主體的統治者在要求被統治者守禮的同時要意識到自己的義務與責任所在，如為父者在要求子女盡「孝」的同時要意識到自己的「慈」，為君者在要求臣子盡「忠」的同時要意識到自己的「義」。一句話，在「禮之用」的過程中，「愛人」意識是不可或缺的。

總之，中庸就是心無所偏依，也無過、不及，「發而皆中節」，是中。所以謂之和，因為按照儒家的說法，和就是中的功用。各種異質因素若成為和，而不是相互對抗的因素。〔註 14〕

2. 中國政治文化之「中道」——皇權官僚體制

在中國，古代的城市，亦是這種「中道」倫理實踐化、理性化的方式。

中國主要是個內陸地區，是以血族為基礎的。中國古代的血緣關係正是在這種自然環境下得以延伸的，無論後來的政府如何在地域空間上不斷擴大權力的管轄範圍，血緣關係始終沒有離開過權力系統。中國原始社會最早的權力鬥爭範圍，首先應該是發生在兒子之間，這與當時的婚姻制度是一致的。當時中國家長的婚姻關係，是一夫多妻制。妻子多，兒子自然會多。兒子多，兒子之間必然出現「父死子繼」的爭奪。這種爭奪，不管結果如何，都能確保君權掌握在同一血統的人手裏。在在期間也有兄終弟及，但都在一個家族內。西周以後出現「嫡子繼承」的制度，嫡長子成為繼承的第一個候選對象。隨後，權力轉讓的範圍才慢慢擴大，但血緣關係始終是擴大權力路徑和範圍的軸心。西周已制度化了的分封也離不開同宗同族的同心圓半徑。君王把其親屬分封到各地成為當地的軍事、行政長官。這些諸侯王在自己的領地內，又任命自己的親屬擔任大小不等的官職。這樣就形成了從君王到諸侯再到下級官吏都有著某種血緣關係的權力系統。春秋以後，以血緣關係為紐帶的宗法制度逐漸發生變化。商鞅變法，廢除了世卿世祿制，擔任官職主要依靠功績。但這種變革並沒有從根本上改變血緣在權力系統的軸心地位，一是沒有涉及皇帝制度本身，只在行政官吏隊伍中才實行，皇權不僅沒有廢除世襲，

〔註 14〕參見《馮友蘭選集》，第 488～499 頁。

相反地使世襲關係排他性地為皇權所獨佔；二是即使對行政官吏制度也沒有徹底排除血緣的影響，官職世襲仍然存在下來，魏晉南北朝的「九品中正制」使得重要官職都被幾個大家族所控制，清朝時在官職的任命上也是優先考慮八旗子弟的。

中國的皇權官僚體制歷史悠久。中國的城市，就其外形所顯示的，主要是理性行政的產物。其一是皆有圍柵或牆垣。其次，通常是散居的人民被聚集到城牆之內的地區，有時或許是強制性的（例如秦始皇即強制全國的富裕家族集中於首都；1403 年明史記載將富人集體遷往到北京的史實）。中國的城市是以氏族的紐帶為基礎的。城市的住民，尤其是那些富有的人，與其氏族、祖產、祖廟所在的故鄉，一直保持著關係，也因此與其家鄉所有重要的祭典及人際關係都維持著。中國的農民，即使長久定居於城市，成為工人、職工、商人、製造業者，或文人，他們仍然保有其村落共同體中的權利及義務。這是由於沒有一個武裝的市民階層所形成的政治性誓約團體所致。一直到近代為止，中國都有外形上類似英國的手工業者與商人的行會、城市聯盟會，但卻無法形成可與西方中世紀相比擬的市民階級，亦沒有相應的「城市法」，而中國之所以缺乏這些，乃是由於城市與行會並未擁有自己的政治——即軍事力量的緣故。

二、「中道」在中西法文化中的不同境遇

通過以上對「中道」在中西法文化中不同境遇的分析，我們可以看到，「中道」在中西法文化中雖然都強調適中、平衡，但是從總體上看，兩者是有本質區別的：

（一）兩者的表現形式和構建的基礎不同

1. 西方法文化裏的「中道」表現為「對賽」，構建「中道」的基礎是集團和氏族之間展開的有章法、有規則的鬥爭。

2. 中國法文化裏的「中道」表現為「謙讓」。「中庸之道」則是「禮」，也就是說在用「禮」的過程中要適中，不能過了頭，其本質上是為了維護以「禮」構建的家國社會和宗族關係，它是講求在這個等級社會秩序中的上下級或同等級之間的謙讓，以維護家庭、國家的穩定。顯然，「中道」不鼓勵鬥爭，它是從根本上反對鬥爭的。

（二）兩者的政治前提不同

1. 西方法文化裏的「中道」的前提是有幾股勢均力敵的力量在相互鬥爭，誰也壓制不了誰，誰也戰勝不了誰。

2. 中國法文化裏的「中道」前提是各方都處在一個金字塔型的共同體中，在這個共同體中，各有各的位置，以此構建上下等級分明的尊卑秩序。「中道」的目的不是改變這種業已存在的秩序，反而是為了加強它，支持「禮」所維護的金字塔型的權力結構——即權力集中。

（三）兩者體現的文化本質不同

1. 西方法文化裏實現「中道」的過程表現為「對賽」中的平等。它的實現過程表現為在「爭吵」和「友愛」這兩極中尋找平衡：即鬥爭力量各方的關係在程序上是平等的，它主要適用於上對下行使權力的時候。

2. 中國法文化裏的實現「中道」的過程表現為「謙讓」中的不平等。即各方的關係是不平等的，它的實現過程表現為上對下行使權力時的一種「節制」，強調上對下的一種尊重，以達到緩和上下等級矛盾的目的。

（四）是否以個人為終極價值

1. 西方法文化裏的「中道」尊重個體的差異性，並鼓勵其通過競爭的方式取得權利。

2. 中國法文化裏的「中道」則壓抑個性，雖然也要求「上」要考慮到「下」的個體差異性，但總體上還是壓制個人利益以維護集體的利益。

（五）出現均衡點的原因不同。

1. 西方法文化裏的「中道」是所有各方面利益博弈的結果。

2. 中國法文化裏的「中道」是動用國家權力壓制的結果。

我們可以進一步的借助幾何學來說明這個問題。在我們看來，哲學構建了另一種數學，但沒有用它來考察自然。我們可以將幾何學與政治結合在一起，但這樣的結合卻不能在數學與自然、計算和實驗之間出現。因此，我們在借助幾何學解釋這個問題的時候，不適用精確的計算和嚴謹的推理。〔註 15〕

我們可以用一個半徑都相同的圓〔註 16〕表示西方法文化裏「中道」的權

〔註 15〕讓—皮埃爾：《希臘思想的起源》，第 118～119 頁。
〔註 16〕讓—皮埃爾：《希臘思想的起源》，第 114 頁。

力結構。政治權力被置於圓心，環繞這個圓心的是一個平等的空間，它由對稱的、可逆的關係構成。這種「幾何平等」〔註 17〕政治權力的平等相對應。妥協的結果就是使政治權力被置於中心。

我們用金字塔的形狀來表示中國法文化裏的「中道」構建的權力結構。在這個權力結構中，政治權力被置於塔尖，各個階層都被嚴密地限制在某一個位置，而不可隨意僭越，以此構建了一種上下等級森嚴的社會秩序。「中庸」的目的就是為了維持這樣的專制政治制度。

（六）「政道」層面的不同。

如上所述，中國在「政道」層面一直是皇權官僚體制，家國合一，沒有形成西方那樣的市民階層同皇權官僚體制抗衡。而西方的官僚體制資齡尚淺，部分才從自治的城市國家的經驗中學習而來。而後面這個事實，又可以用中國皇權官僚組織的早熟發展加以說明。

三、結論

西方法文化裏「中道」是在對抗基礎上的「妥協」，是鼓勵人們去對賽，去競爭，但又用「友愛」、規則來節制，以免造成整個社會秩序的混亂，並以此為基石構建了整個西方社會的政治和社會秩序，著眼於「政道」的層面。

西方法文化強調個人價值。現實社會中大多數人都只是立場加情緒的狂熱分子。在某種立場上，會集聚若干基於該立場上的狂熱激情的公眾，形成派系。社會中有很多這種派系，這些派系各自發展，程度各異。它們的觀點亦是方方面面的，有關於宗教的，有關於公共政策的。這些派系是如此的錯綜複雜，以致於它們之間是互相獨立，而不是互相合作的。在此基礎上，給予這些派系充分活動及言論的自由，就像給予空氣讓其充分燃燒一樣。如果一味壓抑，得不到釋放，則會因為激情造成各種破壞性的力量。正是基於對人類本性的認識，西方的法文化才將「中道」置於「政道」層面，給予個人充分的自由。

而中國法文化裏的「中道」則是在根本沒有對抗能力的各方即嚴格等級秩序的家國社會中上對下或同等級各方之間的一種節制，它不鼓勵鬥爭，反而要求各方從大局出發，相互謙讓，其節制、妥協的目的是維持一個穩定和

〔註 17〕柏拉圖：《高爾吉亞篇》，轉引自讓—皮埃爾：《希臘思想的起源》，第 114 頁。

諧的局面，以維護金字塔型的權力和社會結構，著眼於「治道」的層面，不僅不能運用於「政道」而發民主政治之微，反而在傳統政治文化的約制下，裹挾著並傳播著專制主義的氣息。〔註 18〕

嚴復非常信仰儒家的根本精神——「孝」。他曾在駁斥傳教士常說的中國根本無宗教時，用了一個傳教士朋友亞歷山大·宓克的觀點：「孝則中國之真教也。」〔註 19〕儒教的核心是孝道，這一觀點在中國不是什麼新見解。但嚴復從中發現了孝道在中國社會所起的作用，相當於基督教在地方社會所起的作用。他認為孝道是一種無所不包的、內在的社會戒律，對於民眾來說尤其是這樣。「百行皆原於此，遠之以事君則為忠，邇之事長則為悌。充類至義，至於享帝配天。」〔註 20〕孝道與西方意義的宗教是一致的。

嚴復以一個政治家的冷靜眼光客觀評判這一傳統道德價值。他認為，孝等同於西方社會中的基督教的虔誠，它甚至可使百姓「趨死不顧厲害」〔註 21〕。嚴復相信孝道所內含的自我犧牲和自我克制精神，會給中國民眾中民族主義的自我犧牲精神上以道德上的支持。他將其與社會進化論聯繫起來，認為應犧牲個人的「小我」，以成就國家民族的「大我」。

嚴復對孝道中包含的自我犧牲精神所持的高度讚賞的態度，與西方現代法制變革思想中人權的個人主義的功利主義倫理是決不不相容的。孝道體現了一種普遍性、非人格性、成就對地位的關係等，沒有充分展現出人之所以為人的倫理價值，它不但不會給予個人自由，反而會扼殺掉它。孝道是基於血緣關係的，如果將孝道擴大到毫無任何血緣關係的統治領域並加以政治制度化，就會扼殺個人權利，違背了人最根本的倫理屬性，最終會引起體制內個人對追求利益的變態反撲：下級不可能真正安分在自己被分配的利益中；上級為了得到更多的利益就不顧一切的穩守權力和利益，並向更高的權力地位攀爬。因此官場中處處皆是官員的貪腐、相互之間的勾心鬥角……從某種程度上講正是這個體製鼓勵了官員貪腐互鬥的行為，導致國家這部龐大的行政機器效率渙散、辦事低下、內耗嚴重。制度、文化、人性是一個系統，不可分割。而嚴復在社會進化論的邏輯框架下，認為中國要富強首要得興「民智」，在「明君」的帶領下逐漸變更制度而不可驟變的想法是非常天真的。

〔註 18〕馬作武：《先秦法律思想史》中華書局 2015 年版，第 72 頁。
〔註 19〕《嚴復集》，第 850 頁。
〔註 20〕王蘧常：《嚴幾道年譜》，第 12 頁。
〔註 21〕《嚴復集》，第 850 頁。

第二節　理性溯源：老子和皮爾士三分法的比較

從上一節的比較我們可以看出，中西文化裏雖然有些類似的概念，但一經仔細比較，就會發現它們在本質上是不同的。中西文化完全是兩種不同類型的文化。這也是嚴復同時提倡科學和民主的原因，因為民主根源於西方的理性和科學，而認識論又是一切科學的根本，它直接決定了人們的思維方式。嚴復一生致力於介紹西學，讓中國人學習西方人的思維方式，但他卻沒意識到中西在認識論上都是截然不同的！筆者試圖以文化溯源的方法比較三分法。

三分法是中國文化的根，是中國人認識世界的根本方法。西方從柏拉圖到亞里士多德、羅傑·培根、聖托馬斯阿奎那、鄧斯·司各特一直都在爭論唯名論和唯實論的二分法，直到查爾斯·桑德斯·皮爾士提出了實用主義的三分法，才從根本上解決了這一爭論。皮爾士認為事物的第一是潛在性；第二是鬥爭；第三是普遍性。皮爾士的三分法在某種程度上類似於中國傳統哲學的道。

道這一概念對中國傳統哲學有著深刻的影響，至今仍發揮著作用。老子在其著作《道德經》中說：「一生二，二生三，三生萬物，萬物負陰而抱陽，沖氣以為和。」〔註 22〕從這裡我們可以就得到道的三種分類：第一，氣〔註 23〕，潛在性；第二，陰和陽，它們之間互相作用〔註 24〕；和第三，道，一般性。

一、老子和皮爾士簡介

（一）老子簡介

老子是中國古代最偉大的哲學家，但是在歷史上是否有其人，在學術界至今仍存在著爭論。老子的名字，意思是老師。我們沒有關於老子的確鑿知識，只能從一些史書中獲得他的信息。司馬遷的《史記》是最早記載老子的史書，司馬遷說老子（公元前 551 年～479 年）是與孔子同時代的人，他姓

〔註 22〕老子：《道德經》第 42 章。

〔註 23〕氣在中國哲學中是一個非常關鍵的概念，它是宇宙的起源。比如黃元御所著醫書《四聖心源》就說：「陰陽未判，一氣混茫。氣含陰陽，則有清濁，清則浮升，濁則沉降，自然之性也。升則為陽，降則為陰，陰陽異位，兩儀分焉。清濁之間，是謂中氣，中氣者，陰陽升降之樞軸。」

〔註 24〕筆者將「萬物負陰而抱陽，沖氣以為和」理解為萬物都是由陰陽兩種氣組成的，陰氣陽氣互相作用，即「沖氣」，最終達到和。

李，名耳，字聃。老子是周的史官，相當於今天的國家圖書館館長。在周朝，只有手抄的竹簡，所以老子的知識積累了好幾代人的成果，孔子都曾經請教過他。

《史記》記載了孔子諮詢老子：

> 孔子適周，將問禮於老子。老子曰：「子所言者，其人與骨皆已朽矣，獨其言在耳。且君子得其時則駕，不得其時則蓬累而行。吾聞之，良賈深藏若虛，君子盛德、容貌若愚。去子之驕氣與多欲，態色與淫志，是皆無益於子之身。吾所以告子，若是而已。」孔子去，謂弟子曰：「鳥，吾知其能飛；魚，吾知其能游；獸，吾知其能走。走者可以為罔，遊者可以為綸，飛者可以為矰。至於龍吾不能知，其乘風雲而上天。吾今日見老子，其猶龍邪！」〔註25〕

司馬遷在《史記》中還記載了老子的其他兩個版本：第一，老子名老萊子，仍是與孔子同時期的人物；第二，老子（公元前 384～362）是秦獻公時期偉大的歷史學家和占卜家老聃。

老子是道家的創始人，據說《道德經》是他著述的。現存的道德經共 5000 字，分為 81 章，是中國歷史上第一部完整的哲學著作。《道德經》句式整齊，大致押韻，為詩歌體經文。它包涵廣博，被華夏先輩譽為萬經之王。

（二）皮爾士簡介

查爾斯·桑德斯·皮爾士，美國著名哲學家，生於 1839 年，死於 1914 年。和老子相隔 2000 多年。皮爾士生前沒有出版過任何關於哲學的著作，亦不曾擔任過任何大學的教授。他只在 1879 年至 1884 年擔任過約翰霍普斯金大學的講師，之後他被解雇了並再未獲得聘任。

皮爾士被公認為實用主義的創始人。實用主義的很多理念都源自於他，他在著作中提到的很多概念直到現在才得到認可。迄今為止，他的思想在很多方面都沒有被完全理解。除了實用主義，皮爾士在邏輯學上亦做出了重大貢獻：邏輯的分類和聯繫、符號學、科學方法、演繹和歸納、關於數學的邏輯分析等等。他的著作幾乎涉及到邏輯學的每一個點。〔註26〕

皮爾士還為探索理論和科學哲學作出了傑出的貢獻。1961 年出版的《韋

〔註25〕司馬遷：《史記》（第 63 卷）。

〔註26〕C. S. Peirce, *Collected Papers*, eds. Charles Hartshorne, Paul Weiss (Cambridge, MA: Harvard University Press, 1931), vols. 1, CP 1 Introduction.

伯斯特傳記辭典》評價皮爾士為：「被認為是他那個時代最偉大的原創性思想家和邏輯學家。」〔註 27〕

二、老子和皮爾士的三分法

如前所述，老子的三分法是：「一生二，二生三，三生萬物，萬物負陰而抱陽，沖氣以為和」，緊接著，他寫道：「人之所惡，唯孤、寡、不穀，而王公以為稱。故物或損之而益，或益之而損。人之所教，我亦教之。強梁者不得其死，吾將以為教父。」〔註 28〕

老子認為宇宙的開始就是氣，包含著成為萬事萬物的潛力。然後是第二（我們不妨借皮爾士的說法）是陰和陽。第三是陰陽之間的和諧。和諧就是互相對立的兩部分之間的動態關係。一個物體在損益這對立的兩部分之間變化，如果損多了，會增加；反之增加多了，會減損。同理，假如一個人生活在不和諧中，只發展一個或其他的對立面，他就會不得好死。

皮爾士認為所有的宇宙現象都可以用三分法來解釋：

> 當任何一個對象在你頭腦中出現的時候，在任何一種情況下，或許你無論怎麼提高對它的反應，就是那麼一個第一簡單的印象。當然，這就是對象的存在。……第一就是這種在見到真實的物體時的知覺品性。它是立即反應出來的，呈現出的一種直接肯定的存在。〔註 29〕
>
> 然後就是第二，下一個出現在你腦海裏的簡單普遍的特徵，就是鬥爭。這在一個甚至是不成熟的感性片段中也是存在的。因為這種感覺是如此的逼真，程度或高或低。這是一種真實的騷動，在物體對我們的刺激和反饋在我們的靈魂中，有一種作用力和反作用力。〔註 30〕

〔註 27〕 *Webster's Biographical Dictionary, A Dictionary of names of noteworthy persons with pronunciations and concise biographies* (Springfield, Mass., U.S.A.: G. & C. Merriam Co., Publishers, 1961), p.1161.

〔註 28〕 老子：《道德經》第 42 章。

〔註 29〕 See C. S. Peirce, *Collected Papers*, eds. Charles Hartshorne, Paul Weiss and (vols. 7 and 8) Arthur Burks (Cambridge, Ma: Harvard University Press, 1931～58), CP 5.44 (1903). Reference to the *Collected Papers* are given by volume and paragraph number, followed by the original date as given by the editors.

〔註 30〕 CP 1.322 (1903).

> 第三就是對象中包含的（鬥爭）後的中間或者調解狀態。這種調解存在於最簡單和最不成熟的形式。我認為所有的現象都主導和充滿著調解狀態。〔註 31〕

三、相同點和不同點

老子和皮爾士的三分法都是認識論。因為他們都不認為這個世界是被分為三個獨立的部分的；他們都認為三分法適用於萬事萬物。很明顯，第一眼看，這兩位著名的哲學家都用的三分法。畢竟，皮爾士比老子晚了 2000 多年，在表面看來，他們的三分法是非常相似的。

然而，當我們更深入的時候，巨大的不同點就顯現出來了。比如，老子解釋他的三分法時，都是用人類和存在的事物作參考的。他用水作為例子來解釋道：「水善利萬物而不爭。」〔註 32〕這個意思是說水總是體現道，並且總是處於和諧中。水體現了道的形式，包含和諧。

我們發現在第一、第二、第三中都不同。

（一）第一的不同

老子和皮爾士的第一是不同的。老子的第一是氣，是宇宙中的基本元素，它有變成任何東西的潛力。皮爾士的第一是感覺的品性，一種潛在性。

（二）第二的不同

老子和皮爾士的第二也是不同的。老子的第二是陰陽。它們是不同系統中兩個相對的部分。老子觀察到自然界的事物都可以在不同的系統中分成兩個對立的部分。比如男人和女人；太陽和月亮；天與地；暖和冷；乾燥和潮濕；大和小；強壯和柔弱等等。陽包括男人、太陽、天、暖、乾燥、大、強壯等。陰包括女人、月亮、地、冷、潮濕、小、柔弱等。在老子的哲學裏，陰和陽是平等的力量，「兩個平等的力量相互協調」，它們每一個都屬於「社會的兩個對立面。」〔註 33〕

皮爾士的第二是抵抗，互動，反作用力。

> 這種實踐的急切的表達第二，就突出地成為三分法。這不是一

〔註 31〕CP 5.104 (1903).

〔註 32〕《道德經》第 8 章。

〔註 33〕Moss Roberts, translation and commentary, *Dao De Jing, the Book of the Way* (California: University of California Press, Ltd., 2001), p.117.

個概念，也不是特殊的品性。它就是一種經驗。它總是在自我意識和無意識之間充滿令人驚訝的反作用力。因為反作用力，意識付出了雙倍的努力。但並不能恰當的構想它。因為要構想它就必須形成概念。如果去概括它，就會失掉它同時兼具的「這兒」和「現在」的本質。對我來講，反作用力並不是兩個附加的強力。〔註 34〕

（三）第三的不同

老子的第三是和諧。陰陽被認為是同一個系統中兩個對立的部分。和諧就是陰陽兩個對立的部分動態的相互影響。老子認為自然界的規則就是和諧：「知和曰『常』，知常曰『明』。」〔註 35〕

皮爾士的第三是一種調解，是一種聯繫或者關係。

> 這裡有介於原因行為與結果中間的過程嗎？這裡就有一個平均數，或者第三，要素。第三，作為感覺的類別，就是一種調解。……如果這裡有任何理由，或者規則在主導，那就是在兩個主體之間的調解，同時給它們帶來了聯繫。〔註 36〕

（四）考慮人的地位不同

老子的三分法雖然也是宇宙觀，但人居於正中的地位。

> 有物混成，先天地生。寂兮寥兮，獨立而不改，周行而不殆，可以為天地母。吾不知其名，強字之曰：道，強為之名曰：大。大曰逝，逝曰遠，遠曰反。故道大，天大，地大，人亦大。域中有四大，而人居其一焉。人法地，地法天，天法道，道法自然。〔註 37〕

老子認為有四樣東西是先天存在的：道、天、地、人。「域中有四大，而人居其一焉。人法地，地法天，天法道，道法自然。」道、天、地、人是一體的。如果你能理解四個中的一個，你就可以理解其他的。對我們人類來說最簡單的就莫過於先瞭解人。如果你能瞭解人本身和他與自然的關係，你就可以瞭解道、天和地。

老子常常用人周邊所能感知的事物來說明人際關係。比如在《道德經》第八章，當他敘述完水總是體現道——在和諧中，他就給了一個在人際關係

〔註 34〕CP 8.266 (1903).

〔註 35〕《道德經》第 55 章。

〔註 36〕CP 1.328 (1903).

〔註 37〕《道德經》第 25 章。

之間適用的例子。

> 居，善地；心，善淵；與，善仁；言，善信；政，善治；事，善能；動，善時。夫唯不爭，故無尤。〔註38〕

老子認為水體現了自然的和諧，因為「水利萬物而不爭，」〔註 39〕所以人也需要像水一樣，避免爭鬥。

因為人處於萬物的中心地位，天人合一，老子提出了一個涵蓋所有知識體系的哲學概念——道。在《道德經》中老子是這樣描述的：「道」既「有物」、「有精」、「有真」、「有信」，即具有各種物質性的真實存在；但同時「道」又是「無」，它「無形」、「無物」、「無狀」，又是形而上學的。道即是「大」，如「有物混成，先天地生，寂兮寥兮，獨立而不改，周行而不怠」〔註 40〕，但它又是「小」，如「天得一以清，地得一以寧，神得一以靈，谷得一以盈，萬物得一以生，侯王得一以天下貞。」〔註41〕「道」涵蓋了這些大的小的「一」、真實的物質世界和形而上學，構成了有關天地萬物的道通為一的知識論體系。〔註 42〕

皮爾士的三分法也是宇宙觀，但人只是宇宙中渺小的一部分。皮爾士認為人是特殊的，但並不卓越。「人類的思維必須能夠揭示真理，這樣他才能發現他已經獲得的知識。」〔註 43〕人類有能力去理解世界，但是人類的思維也只是演化的產物，沒有什麼天人合一。皮爾士發展了科學探索理論，他認為理性的最高原則就是「不要堵住探索的路！」〔註 44〕皮爾士認為人類對真理的探索是持續不斷地進行的，每個科學領域都有不同的公理，不可能有一個涵蓋所有知識的統一知識論體系。

四、述評

正如 21 世紀著名的哲學家阿弗烈．諾夫．懷海德說的，西方的哲學都是

〔註 38〕《道德經》第 8 章。

〔註 39〕《道德經》第 8 章。

〔註 40〕老子：《道德經》第 25 章。

〔註 41〕老子：《道德經》第 39 章。

〔註 42〕參見徐儀明：《道家與現代科學思維方式的內在聯繫》，載《河南師範大學學報（哲學社會科學版）》，2004 年 7 月。

〔註 43〕CP 6.476 (1908).

〔註 44〕Principal Editor: Edward N. Zalta: Stanford encyclopedia of philosophy: Charles Sanders Peirce, (first published Fri Jun 22, 2001; substantive revision Wed Nov 12, 2014).

柏拉圖的一系列注腳：

> 歐洲哲學傳統最穩妥的一般特徵是：它是由柏拉圖的一系列注腳組成的。我從不懷疑後來的學者從柏拉圖的作品中提取的系統思維方式。我提到了通過柏拉圖分散的大量一般性想法、他的個人稟賦、他在文明的偉大時期擁有豐富經驗的機會、他對尚未過度系統化的思想傳統的繼承，使他的著作成為取之不盡，用之不竭的源泉……〔註 45〕

當然，皮爾士的三分法不僅僅只是柏拉圖的注腳。柏拉圖提出了共相的理論。根據柏拉圖的說法，真正的真實是共相，它是抽象的，精神的，而不是物質的。物質世界只不過是對共相的模仿。我們只有對共相的知識，物質世界充其量只是共相的具體形式。

亞理斯多德發展了柏拉圖的共相理論，但是亞里士多德的哲學系統，皮爾士認為：「就像所有偉大的哲學理論一樣，是一種演化。」〔註 46〕

> 亞里士多德……認識到還存在一種胚胎類型，就像樹的種子中潛藏著一棵樹的存在，或者像未來即將發生的任何事件一樣，取決於一個人如何決定並採取行動。……亞里士多德的萌芽，是他稱之為物質的存在，它在所有事物發展過程中都是一致的共相。共相是構成任何不同存在形式的基本元素。〔註 47〕

「在林肯羅伯特、羅傑培根、聖托馬斯阿奎那和鄧斯格魯斯的年代，是採用唯名論還是採用唯實論的爭論最終明確地被唯實論解決了。」但是問題來了：「普遍的規律和類型是意識的虛構還是真實的存在？」〔註 48〕儘管「現代哲學的所有派別都是唯名論」，〔註 49〕皮爾士仍然主張唯實論：普遍的規律和類型是真實存在的。儘管「所有的唯實論者都同意將亞里士多德的兩種演化順序倒轉，即先有共相，然後才有殊相」，〔註 50〕皮爾士提出了三種存在模式：

〔註 45〕 Alfred North Whitehead, *Process and Reality* (Free Press, 1979), p.39.

〔註 46〕 CP 1.22 (1903).達爾文的《物種起源》發表於 1859 年，所以皮爾士用「演化」一詞是在人的一般常識上的用法。

〔註 47〕 CP 1.22 (1903).

〔註 48〕 CP 1.16 (1903).

〔註 49〕 CP 1.19 (1903).

〔註 50〕 CP 1.22 (1903).

> 我認為我們可以在意識之前觀察到這些要素：具有積極品性的潛在性存在；真實事物的存在；一般規律的存在，它能夠主導未來事物的發展。〔註 51〕

（一）老子的哲學是中國哲學的根本

老子在中國哲學的地位就像柏拉圖在西方哲學中的地位是一樣的。孔子、孟子、董仲舒及後來的程朱都繼承了老子的三分法。老子三分法中第二的陰陽是中國哲學最大的特色。它的應用是如此廣泛，迄今為止中醫仍然將它當作方法論。〔註 52〕

（二）老子的三分法是靠感性

老子的三分法不是靠理性。比如他觀察到「水利萬物而不爭」，「故幾於道。」〔註 53〕（但是當你想到一場危險的洪水將毀壞一切，你就會質疑他的觀點。）

中國人相信如果一個像老子一樣的智者，在總結了前人的感性經驗後，再經過他的經驗證明是對的，那麼他就可以提供知識。但老子的經驗是個人的；它並不是來源於實驗的經驗，它來自感性。

皮爾士三分法來源於以下兩個路徑：

第一是現象學。對經驗（必須經過科學實驗證明）進行審慎的觀察，看它為什麼如此。

第二是邏輯學。指明：第一是單值的（一元）；第二是雙值的（二元）；第三是三值的（三元）。

老子的三分法沒有邏輯學的路徑。在中國古代有一些邏輯的起步，與老子同時代的名家就有「白馬非馬」、「離堅白」之辯，它們類似於柏拉圖的共相。但是這點邏輯並沒有成長為西方的邏輯。

中國人至今仍然依賴個人的經驗勝於邏輯。中國傳統的研究方法，都只強調個人經驗，帶有強烈的主觀色彩。比如感悟，冥心靜思，自省修養等。

〔註 51〕CP 1.23 (1903).

〔註 52〕傳統中醫認為人處在陰陽和諧中才會健康。如果這個和諧一旦被打破，人就會生病。中醫採用對轉治療來恢復身體的陰陽平衡。如果人體缺乏陰，就會增強陽；如果人體缺乏陽，就會增強陰。具體的例子可參考 Francisco Lozano: *Basic Theories of Traditional Chinese Medicine* (2014), “Introduction.” In: Lin YC., Hsu EZ. (eds) Acupuncture for Pain Management. Springer, New York, NY.

〔註 53〕《道德經》第 8 章。

這種感知的非理性研究方法，其學術標準很難甄別，因為它本身就是情緒的、揣測的。這種情緒的、揣測的感性在不同人身上有不同的經驗，不可能有一個標準的驗證法讓所有人都可以得到相同的經驗。比如面對同樣的風景，瞎子就什麼體驗都沒有；面對同一曲音樂，聾子也沒有體驗。中國傳統的研究方法就是這種感性的「悟」，比如悟出水是最善良的，利萬物而不爭。這個結論從來沒有人質疑過。但拿到西方，用西方的邏輯思維一檢驗，就出問題了。如果這水是洪水呢？它還是利萬物而不爭嗎？所以通過這樣的研究方法得出的結論是經不住推敲的，因為研究者並沒有使自己的觀點經受得住推敲而系統地搜集證據。換句話說，他沒有使用科學的方法論，而是採用觀察法來選取自認為會對得出結論有重要作用的現象作為思想的基石。

* * *

這樣的比較給我們留下了很多的問題，比如：

1. 三分法的邏輯理論是否有用？如果有，為什麼有用？它是如何起作用的？

2. 是否皮爾士的三分法在形而上學的層面上比老子的好（解釋性更強？有更好的理論基礎？在解決似是而非的科學問題時更能指明方向？等等）。

3. 如果皮爾士的方法更好，為什麼中國人至今仍然依靠老子的三分法——儘管中國已經從西方引入了科學和邏輯？

要回答這些問題是非常困難的，只能留待以後研究。

由於中國傳統學術研究還侷限於感性，所以比起西方，中國的文明是停滯的。從先秦到明清，中國文明幾乎沒有質的發展變化，成為一個「活化石」型的文明。杜赫德在《中華帝國通志》中用驚訝的口吻說：「四千多年間，它（中國）自己的君主統治著自己的國民，從未間斷。其居民的服裝、道德、風俗與習慣始終不變，毫不偏離其古代立法者們創立的智慧的制度。」〔註54〕

嚴復是偉大的，他引進西學就是為了改變中國人的文化和思維方式。雖然他在介紹西學時也存在一定程度的誤讀，但他提倡的科學和民主開啟了中國的現代化。在嚴復的影響下，20 世紀的中國學術引進西方的研究方法，運用歸納和演繹，重視證據。「無徵不信」、「孤證不立」，摒棄主觀成見，抱著

〔註54〕轉引自張宏傑：《中國國民性演變歷程》，湖南人民出版社 2012 年版，第 190 頁。

冷靜、客觀的態度，以理性方法對確定的對象進行具體、準確的認知活動。在社會科學和人文學科中著重調查研究和實驗的方法，獲取第一手資料。近現代學術崇尚的是理性而非感悟、信仰或權威。

民主和科學一樣，是建立在理性基礎上的。民主是經得起科學檢驗的制度，並且經過了西方幾百年的實踐和發展。一百多年前的嚴復就已經為中國的發展找到了方向，但是迄今為止，爭論仍在持續。歸根結底，我們要解決的問題都離不開如何對待儒家文化和西方文化這個歷史課題上。

後記

快到2018年的春節了，很快又是新的一年，到了為自己的博士論文寫後記的時候，真是件很開心的事情。

之所以開心，是因為寫作的過程，雖說不上刀山火海般艱辛疼痛，一路走來確實有跋山涉水，披荊斬棘的豪情。在精神的世界裏暢遊，自有滿足與快樂，我看到很多迷人的風景：白雲萬里，瞬息變化，像我不羈的靈魂；當然也有孤獨和痛苦，特別是我孤身一人在美國寫作，就為搞清當初嚴復在引進西學時為什麼要選擇進化論、還有溯源民主自由的含義。這種痛苦常縈繞身邊，彷彿要吞噬掉所有。孤獨，更容易讓人體悟到自己的靈魂，和自己處得最久的就是自己的精神，最不好相處的也是精神。但正是這樣的孤獨，讓我可以沉下心來思考。我的孤獨和閑暇，讓我享受到了不受外界打擾的絕對自由，有的是絕對單獨的機會，說也奇怪，我竟像第一次，辨認了星月的光輝，草的青，花的香，大海的包容。我要是沒有過邁阿密的日子，我就不會有這樣的自信，不會有對學術如此的執著。我就帶著這樣的自信，徜徉在寫作這篇大部頭的博士論文中。從構思、醞釀、撰寫到修改成稿，一次次挑戰著自己意志和體力的極限，一次次起伏在搜腸刮肚的苦苦思索和柳暗花明的酣暢淋漓之中。學術探索，本身就是一件快樂的事。

感謝恩師馬作武教授。四年前有幸入馬老師座下，在恩師的指引下開始了追尋學術的道路。博士論文研究題目確定以後，恩師不厭其煩地為我指明研究的方向，解決研究過程中的困惑，支持我出國研究這個課題。學術上的蹣跚學步是馬老師引領著、扶掖著的，馬老師無言的贊許和綿密的關愛是我前行的動力。有肯定必然也有批評。記得馬老師第一次看完我的論文初稿後與我面對面的詳談，說章與章、節與節缺乏必要的邏輯關係；引用的資料太過單一，應當作橫向的拓展性研究，關注其他學者對此問題的看法，充實論文內容；重點除放在嚴復的法律思想外，還應當重視嚴復法律思想的影響，這種影響必須有根有據，有直接的證據證明某人讀了嚴復的書，採取了相應的行動，所以需要大量查找資料。這樣面對面、點對點的指導無異於雪中送炭，讓我認清了前行的方向。

感謝我的聯合培養博士研究生導師哈克（Susan Haack）教授。2016～2017年，受「中山大學博士生國外訪學與合作研究項目」資助，我獲得到美國邁阿密大學（University of Miami）交流一年的機會。感謝哈克教授答應接收我做她的學生。哈克教授用最溫雅的英格蘭之音，傳遞給我學術的神奇與人生的奧秘。她在學習上敦促與鼓勵，每週和我會面半小時，解答我在學術上的問題。她還為我推薦和聯絡圖書館、學術講座等各種學術資源，為我的研究提出建議。她甚至手把手教我寫作英文論文，逐字逐句地修改。她在生活上給予我無微不至的關心，幫助我辦理各種繁複手續，主動詢問我生活上的困難，積極尋找解決的辦法。我很榮幸能受教於全世界最偉大的哲學家之一哈克教授門下，在我即將開始的科研道路上，教會我做學術的方法，這對於一個初出茅廬的學生而言，是何等的榮幸！

在論文的寫作過程中曾去信向王人博老師請教問題，王老師每次都迅速給我答覆，提出了論文研究的重點方向之一是嚴復在改譯，即對西方真理再塑造過程中對它們的誤讀。王老師不吝賜教、關愛後學令我深深感動。

最後，我要感謝我的家人。我要感謝父母，如果不是父母從小在學習上對我的嚴格要求，我不可能發掘自己在學習上的潛力。爸爸從小就灌輸給我要做專家的意識，儘管幼小懵懂的我不知專家是什麼樣的職務，但這些思想的萌芽卻植根在意識深處，在不經意間發芽直至長大。我獲得出國聯合培養一年的機會，爸爸比我還高興，因為這也是他年輕時的夢想，可惜文化大革命中斷了爸爸的學業，我也很高興自己能幫他完成夢想。

我要感謝我的先生付強軍，一直支持我追求自己的夢想。他的一句放手做吧，什麼都有我呢，讓我感動至今。博士四年，學業和工作任務繁重讓我經常無暇顧及家庭，特別是我出國的一年，全靠先生把家照顧得井井有條。他是我生活上的夥伴，更是我靈魂上的伴侶。他總是會在關鍵時刻給我以警示、以激勵、以支持，幫助我以最冷靜的心態面對成功，以最積極的心態面對挑戰，以最樂觀的心態面對失敗。

我要感謝兒子傅司蕤，在最需要媽媽陪伴的幼年，媽媽竟狠心撇下幼小的你到美國去了，你每次跟媽媽的視頻，是媽媽在異國他鄉的唯一安慰。回國後媽媽忙於改論文，也沒空陪你，小小年紀你就知道媽媽在「做作業」，是不能打攪的，竟然也配合外公，從不主動打開媽媽房間的門。有你真好。

往事一幕幕，已在不知不覺中蝕刻在記憶的最深處。欲下筆成文，已淚流滿面。衷心感謝在我生命中留下抹不掉印記的每一個人。

是為記。

官正豔
2018 年 2 月 13 日於中山大學康樂園